KB069622

신찬교육학

新撰教育學

한국 최초의 교육학 교과서 1895

기무라 도모지 저
김성학 역주

학지사

한국 최초의 교육학 교과서 1895

신찬교육학

New Pedagogy in Modern Times

2017년 8월 5일 1판 1쇄 인쇄
2017년 8월 10일 1판 1쇄 발행

지은이 • 기무라 도모지
옮긴이 • 김성학
펴낸이 • 김진환
펴낸곳 • (주)학지사
04031 서울특별시 마포구 양화로 15길 20 마인드월드빌딩
대표전화 • 02-330-5114 팩스 • 02-324-2345
등록번호 • 제313-2006-000265호

홈페이지 • http://www.hakjisa.co.kr
페이스북 • https://www.facebook.com/hakjisabook

ISBN 978-89-997-1326-2 93370

정가 15,000원

역자와의 협약으로 인지는 생략합니다.
파본은 구입처에서 교환해 드립니다.

이 도서의 국립중앙도서관 출판시도서목록(CIP)은 서지정보유통지원시스템 홈페이지(http://seoji.nl.go.kr)와 국가자료공동목록시스템(http://www.nl.go.kr/kolisnet)에서 이용하실 수 있습니다.
(CIP 제어번호: CIP2017018363)

新撰教育學

日本 **在朝鮮國 木村知治 著**

朝鮮 **前 學務協辨 現 外務協辨 尹致昊君 題字**

朝鮮國政府 御用書肆 喜多旭堂 發售[1]

明治 28年 9月

(開國 504年 7月)[2]

1) 강윤호본에만 표지에 발수처가 표기되어 있다. 〈역주〉

2) 개국기년은 강윤호본에만 표기되어 있다. 개국 504년 7월은 양력으로 1895년 9월이다. 발행 날짜는 원래 책 말미에 있는 것을 역자가 여기에 명시하였다. 〈역주〉

역주자 서문

『신찬교육학』은 우리나라에서 발매된 최초의 교육학 교과서이다. 1895년 가을 한성사범학교가 체계적인 교과과정과 학사제도를 갖추고 본격적으로 운영되기 시작했을 때 정부에서 이용하는 민간 서점에서 발매하였다. 갑오개혁기에 출범한 근대적 교원양성교육의 이론적 토대를 살펴볼 수 있는 유일한 책이다.

이 책은 오래전에 번역되었어야 했다. 역주자는 예전에 학위논문을 준비할 때 이 책의 존재를 알게 되었다. 논문에서 그 교육학사적 위상을 살펴본 지 벌써 많은 세월이 흘렀다. 번역이 늦어진 이유는 원서의 난해한 한문체 서술 탓도 있지만, 이 책의 원본을 입수하는 데 우여곡절이 있었기 때문이기도 하다.

역주자는『개화기 교과용도서』(강윤호, 1973)에서 이 책의 서지사항을 처음으로 확인했다. 이를 토대로 이 책의 수용 과정과 교육학사적 의의는 어느 정도 밝혔지만, 실제 책의 원본을 본 것은 졸업 후 한참 지나서였다. 운이 없게도, 논문을 준비할 때 우리나라에 남아 있던 유일본은 마침 미국에 나가 있었다. 졸업 후 이 책의 소재지를 계속 추적하던 중 일본국회도서관 소장도서목록에서 그 존재를 확인할 수 있었다. 곧장 관련 기관의 도움을 받아 이 책의 원본을 입수하였다. 오랜 숙원이 이루어지던 그 순간을 지금도 잊을 수 없다. 하지만 한동안 개인적으로 다른 주제에 연구 관심을 집중하느라 차일피일 번역을 미루고 있었다. 그러던 중 최근 한국교육사학회 연차대회 발표 준비를 하면서 이 책을 다시 검토하게 되었고, 이후 더 이상 번역을 미루는 것은 공부하는 사람의 직무유기라는 생각이 들었다.

얼마 전 서울대학교 우용제 교수가 이 책의 디지털 파일을 학회 회원들에게 배포한 적이 있다. 이를 역주자가 갖고 있던 일본국회도서관 소장본과 비교해 보니 양자는 완전히 동일한 책이었다. 이 번역서는 일본국회도서관 소장본을 원본으로 삼았다. 그리고 역주자는 그동안 행방이 묘연했던 강윤호 소장본도 최근에 보게 되었다. 두 소장본은 표지와 서지사항만 조금 다르다. 세세한 차이는 해제와 번역서 각주에서 제시하였다.

이제 이 책을 번역해 세상에 내놓으려 하니, 처음 원본의 존재와 의의를 학계에 알릴 때의 심정이 다시 떠오른다. 이 번역서는 역주자 스스로 진 마음의 빚을 더는 작업이기도 하다. 앞으로 이를 바탕으로 초창기 한국교육학사로 들어가는 비밀의 문이 활짝 열리길 기대해 본다.

작은 책이지만 그동안 도움을 주신 여러 분이 생각난다. 일일이 다 감사를 표하지 못한 점 양해 부탁드린다. 특별히 동문수학한 신촌의 황금중 교수에게는 감사의 마음을 전하고 싶다. 이 책이 세상에 나올 수 있도록 자기 일인 양 힘써 주었다. 무엇보다도 상업성이 없는 책을 출판해 주신 학지사 김진환 사장님과 좋은 책을 만들기 위해 심혈을 기울인 편집부 이지예님께 깊은 감사의 뜻을 표한다. 이 책이 부담이 아니라 영광으로 돌아오길 기대해 본다. 그리고 항상 든든한 후원자가 되어 주는 가족에게도 고마움을 전한다.

2017년 여름에

김성학 씀

역주자 해제

『신찬교육학』은 몇 가지 측면에서 매우 특이한 책이다. 저자와 발행인이 모두 일본인이지만 한문체 문장에 한글토를 달아 서술했으며, 일본에서 인쇄·발행하고 조선 정부에서 이용하는 우리나라 서점에서 발매하였다. 또한 오늘날 교육부 차관격인 학부협판이 손수 제자(題字)와 한시를 남기고 있다. 저자와 발행인의 국적과 책의 언어 및 발매소의 위치가 서로 다르며, 민간에서 발행한 책인데도 조선 정부의 관여가 일정 부분 드러나고 있다.

이와 같은 특색을 이해하기 위해서는, 먼저 『신찬교육학』이 발행된 과정을 살펴볼 필요가 있다. 이 책의 수용은 근대적 교원양성 제도의 수립 및 운영과 밀접한 관련이 있다. 갑오개혁기에 근대적 교원양성제도는 크게 세 단계를 거쳐 완성되었다. 첫 번째 단계는 최초의 교원양성학교인 '사범학교'가 설립되어 운영된 시기이다(1894년 9월~1895년 4월; 이하 음력). 학무대신 박정양의 주도로 사범학교가 설립되고, 학무대신과 교관, 학생들의 열의 속에서 성장하던 시기이다.[1] 하지만 아직 법령상의 뒷받침을 받지 못한 상태였다. 두 번째 단계는 교원양성제도의 법적인 틀을 마련하고 기존 사범학교를 한성사범학교로 재출범시켜 운영한 시기이다(1895년 4월~1895년 7월). 당시 각부 대신들이 주도해서 한성부에 교원양성학교를 설립할 것을 다시 의결하고, 이어 1895년 4월 16일에 한성사범학교관제를 공포하였다. 이때 비로소 사범학교에 대한 법적인 근거가 마련되었다.[2] 세 번째 단계는 체계적인 교과과정과 학사제도를 갖추고 한성사범학교를 운영하기 시작한 시기이다(1895년 7월~). 이를 뒷받침한 것은 7월 23일에 개학과 더불어 공포된 한성사범학교규칙이다. 이로써 초창기 근대적 교원양성제도의 수립은 일단락되었다.

교원양성기관의 차별성은 이론적으로 교육학에 의해 확보된다. 하지만 앞의 두 번째 단계에 이르기까지 관립의 한성사범학교에서 교육학은 가르치지 않았고, 당연히 교육학 교과서도 마련되지 않은 상태였다. 당시 학부(오늘날의 교육부)도 이러한 문제점을 충분히 인식하고 있었던 것 같다. 학부는 한성사범학교관제를 공포하기 사흘 전(4월 13일)에 관립 사범학교와 소학교 학생들의 교과서를 편찬하기 위해 일본 도쿄의 심상·고등사범학교 교과서와 교사참고서를 구입해 보내도록 외부(오늘날의 외교부)에 요청하였다. 외부

1) 이 사범학교는 몇 개월 만에 학생 수가 정원의 두 배로 늘어났고 독서(독법)뿐만 아니라 지리, 역사, 산술 등 근대 교과를 가르치고 있었다.

2) 당시 근대적 교원양성제도의 출현 과정과 개혁 관료의 역할에 대해서는 김성학, 「국가 차원의 교원양성제도 운영성과 고찰」, 『한국교육사학』 제38권 4호, 2016, 83-88쪽 참조.

는 다시 5월 1일(사범학교 재출범일)에 주일공사에게 학부의 훈령을 긴급 전달하였다.[3)]

이후 해당 교과서가 우리나라에 송부되었는지는 확실하지 않다. 하지만 주일공사관은 본국의 긴급 훈령을 충실히 실행했을 것으로 보인다. 학부는 훈령에서 밝힌 대로 한두 달 뒤에 일부 소학교 교과서를 직접 편찬하였다. 학부는 6월에 『소학만국지지』를, 그리고 7월에 『국민소학독본』을 발행하였다. 하지만 예상과 달리 사범학교용 교육학 교과서는 편찬하지 않았다. 그 대신 민간에서 발행한 교과서를 사용하기로 결정한 것 같다. 후술하겠지만 여기엔 당시 학부협판 윤치호가 깊이 개입한 것으로 추정된다. 한성사범학교는 7월 21일(양력 9월 9일)에 새 학년을 시작하였다. 그리고 23일에 한성사범학교규칙을 공포하여 교과과정 및 학사제도를 확정하였다. 이어 27일에 조선 정부에서 이용하는 민간 서점인 희다욱당에서 『신찬교육학』을 발매하기 시작했다. 이 책은 조선에 체류중이던 기무라 도모지(木村知治)가 저술한 것을 일본 오사카로 가져가 인쇄·발행하여 조선에서 발매한 것이다.

한성사범학교규칙에는 본과와 속성과 과목으로 '교육'을 명시하였다. 또한 윤 5월(양력 7월)에 학부고문관 다카미 히사시(高見亀)를 고빙하였다. 그는 원래 1894년 청일전쟁 발발 전후 조선에 파견된 일본 지지신보(時事新報) 특파원이었다.[4)] 그는 게이오기주쿠(慶

3) 김성학, 『서구교육학 도입의 기원과 전개』, 서울: 문음사, 1996, 78쪽.
4) 稻葉繼雄 저, 홍준기 역, 『구한말 교육과 일본인』, 서울: 온누리, 2006. 23쪽.

應義塾) 출신 기자였는데,[5] 그의 주 업무는 한성사범학교 속성과 교사로 활동하는 것이었다.[6] 그 외에 소학교 관련 법령 제정을 지원하고 소학교 교과서(『소학만국지지』, 『신정심상소학』)를 번역·편집하기도 하였다. 이러한 활동으로 보건대, 초보자들에게 교육 과목을 가르칠 만한 소양은 갖추고 있었던 것으로 판단된다. 이렇게 『신찬교육학』이 발매되기 직전에 교육학 관련 교과과정과 교관이 준비된 상태였다. 따라서 관립의 학교였던 한성사범학교에서 개학

---

5) 그는 효고현 고베시 미카게(御影)에서 태어나 1916년에 40세로 사망하였다(稻村徹元·井門寛·丸山信 共編, 『大正過去帳: 物故人名辭典』, 東京: 東京美術, 1973, 89쪽). 그는 게이오기주쿠를 졸업하고 1890년(明治 23년)에 지지신보에 입사하였다(三田商業研究会 編, 『福翁訓話』, 1909, 125쪽). 두 사료를 비교해 보면, 그는 1876년생으로 지지신보 입사 당시 나이가 14세에 불과하다. 사후에 생산된 첫 번째 사료의 사망 나이가 오류인 것 같다. 어쨌든 당시 그는 젊은 청년으로서 게이오기주쿠를 졸업하고 지지신보에 입사한 지 얼마 되지 않아 곧바로 조선에 파견되었다. 그는 지지신보에 입사했을 때 후쿠자와 유키치(福澤諭吉)를 처음으로 만났는데, "무슨 일에나 일생 동안 열심히 공부하라"라는 훈계를 직접 받았다고 회고하였다(같은 책, 125-126쪽). 이렇게 후쿠자와와 직접 관련된 인사가 학부고문관으로 임명되었다. 그 전후 사정과 이유는 확인되지 않지만, 당시 학부는 후쿠자와의 신임을 받는 인사를 활용하여 일본 신식교육의 운영 경험을 적극 수용하려고 한 것 같다. 다카미는 귀국 후에 오사카에서 지지신보를 발행하라는 대임을 위임받고 큰 성공을 거두었다고 한다. 그는 오사카 지지신보 주간을 계속 역임하였다(谷沢永一, 『遊星群: 時代を語る好書録』 明治篇, 大阪: 和泉書院, 2004, 94쪽).

6) 1896년 그의 고용계속계약서에 명시되어 있다. 1895년 계약서는 남아 있지 않으나 그의 주 업무는 비슷했을 것이다. 1896년 3월(양력)에 입학해 10월에 졸업한 심승필(속성과 2회)의 이력서에 따르면, 그는 재학 시 교관 정운경과 교사 다카미로부터 배웠다. 그의 재학 시기는 다카미의 첫 계약 기간(1895년 7월~1896년 양력 6월)과 겹친다. 즉, 다카미는 계약 첫해부터 한성사범학교 속성과에서 가르쳤다는 사실을 합리적으로 추론할 수 있다. 당시 외국인 교관은 교사로 불렸다(김성학, 앞의 논문, 85-86쪽 및 93쪽 각주 51; 김성학, 앞의 책, 80-81쪽 참조).

과 더불어 어용서사에서 발매한 『신찬교육학』을 교과서로 사용했을 것이라는 점은 거의 확실하다.

『신찬교육학』의 저자 기무라는 학부에 고용된 고문관은 아니었다. 학부고문관은 1895년 봄부터 고빙되기 시작했으나, 그는 고문관 명단에서 확인되지 않는다.[7] 그는 1895년 1월 현재 한성 필동의 낙천굴(樂天窟)[8]에 거주하고 있었다. 그는 일본 교육지에 조선교육에 관한 기사를 기고할 정도로 조선교육에 관심이 많았다. 또한 당시 자격이 없는 서생이나 낭사들이 조선에 들어오는 것을 비판적으로 인식하고 있었으며, 3월 초(양력 4월 초)에 일본인 교장들과 함께 '사립조선교육회'를 조직할 계획도 갖고 있었다.[9] 그는 낙천굴에 거주하던 일본인들을 통해 학부 고위관료들과 접촉한 것으로 보인다. "학부대신, 학부협판이 교육에 열심이며 교육에 대해 논의하기를 좋아한다."라고 하여 그들과 교류하고 있음을 시사하였다. 또 인천감리사(인천 관립일어학교장) 박세환과는 직접 숙소에서 교육방침과 학교 설립에 대해 종종 논의할 정도로 매우 친한 사이였다. 이렇게 학부 고위관료들과 교류하면서 기무라는 교육학 교과

7) 기무라 도모지가 조선 정부의 고문관이라는 일부 주장이 있으나 이는 오류이다. 갑오개혁 정부에 고용된 학부 소속 고문관에 대해서는 김성학, 앞의 논문, 85쪽 참조.

8) 이곳은 규슈 구마모토 출신 일본인들의 합숙소와 같은 곳이었다. 대부분 구마모토현 출신이었던 한성신보 직원들이 많이 거주하였다. 낙천굴이라는 명칭도 그들이 붙인 것이다. 그밖에 조선 정부 고문관인 사토 준쇼(佐藤潤象), 시부야 가토시(渋谷加藤次) 등도 거주하였다고 한다(혜문 편, 『조선을 죽이다』, 서울: 동국대학교출판부, 2009, 97쪽).

9) 「朝鮮教育之近況」, 『교육시론』 1895년 3월 15일자.

서의 저술을 부탁받았거나, 아니면 그가 이미 편찬해 놓은 교육학 교과서의 존재를 그들에게 알렸을 것이다.

기무라는 1890년까지 교육 관련 저서 2권, 양잠 관련 저서 5권, 의회선거 관련 저서 1권을 저술한 교육전문가이자 양잠전문가였다(부록 1 참조). 이 가운데 『경제교육: 실지경험』은 오늘날 교육행정에 관한 책이다. 이러한 저술 경력과 조선에서의 활동으로 미루어 보건대, 그는 신식교육에 상당한 식견을 갖춘, 지방의 심상사범학교나 실업학교 교장을 지낸 인물로 추정된다. 그가 어떤 연유에서 현해탄을 건너왔는지는 확실하지 않다. 다만 청일전쟁과 갑오개혁 시기에 민간 차원에서 조선교육에 일본의 영향력을 확대하려는 목적은 갖고 있었던 것 같다.

『신찬교육학』은 현재 강윤호본과 일본 국회도서관본이 존재한다. 이들 소장본은 저자와 서지사항 및 내용은 대부분 동일하지만 몇 가지 다른 점도 눈에 띈다.

첫째, 출판일은 강윤호본에만 명시하였고, 개국기년과 음력으로 표기하였다. 개국기년은 1894년부터 갑오개혁 정부가 사용하기 시작한 것이다. 반면, 일본국회도서관본은 모든 날짜를 메이지연호와 양력으로 표기하였다. 표기 방식은 서로 달랐지만 발행일자와 출판일자는 일치하였다(음력 7월 27일=양력 9월 15일).

둘째, 발매소는 희다욱당으로 동일하지만, 강윤호본은 특별히 표지에 '조선국정부 어용서사 희다욱당 발수(發售)'라고 명기하여, 발매소가 조선 정부와 관련이 있음을 뚜렷이 부각시키고 있다.

셋째, 강윤호본에는 정가 표시가 없으나, 일본국회도서관본에는

구분	강윤호본	일본국회 도서관본	비고
저자	재조선국 木村知治	동일	주소: 효고현 시키사이군(飾西郡)
발행자	前川善兵衛	동일	주소: 오사카시 동구
인쇄자	谷口默次 (大阪活版製造所)	동일	주소: 오사카시 동구
발행일자	메이지 28년 9월 15일	동일	–
인쇄일자	메이지 28년 9월 1일	동일	–
출판일자	개국 504년 7월 27일	없음	–
발매소	조선국정부 어용서사 희다욱당(喜多旭堂)	희다욱당	위치: 조선 경성부 남대문근명례방
제자(題字)	전 학무협판 현 외무협판 윤치호	동일	–
문체	한문현토체	동일	일부 단어 한글 표기
총 페이지	차례 10쪽 본문 82쪽	동일	–
정가	없음	30전(錢)	스탬프로 표시
판권표시	판권소유 명기, 무단 번역 및 인쇄 불허 경고문 제시	판권 소유만 명기	–

스탬프로 30전(三十錢)이라고 찍혀 있다. 전(錢)은 당시 조선의 화폐단위였지만, 일본의 화폐단위(센)이기도 했다. 일본인에게도 실제로 판매되었음을 알 수 있다.

넷째, 두 소장본 모두 판권소유를 명기하고 있으나, 강윤호본에서는 특별히 저자와 출판인의 허락 없이 무단으로 번역하거나 인쇄하는 경우 법에 따라 응분의 처분을 받을 수 있다는 경고문을 명

시하였다.[10]

이런 차이점을 종합해 보면, 이 책은 조선인과 일본인 모두를 판매 대상으로 삼은 것 같다. 개국기년과 음력을 사용하고 특별히 발매소가 어용서사라는 점을 밝힌 강윤호본은 한성사범학교 학생을 비롯한 조선인을 대상으로, 그리고 메이지연호와 양력을 사용한 일본국회도서관본은 조선에 거주한 일본인을 대상으로 발매한 것으로 추정된다.

발매소 희다욱당은 한성 '남대문근명례방'에 있었다. 여기서 근(筋, すじ)은 일본어로 연변이란 뜻이므로 발매소의 소재지는 남대문 부근의 명례방이었다. 명례방은 한성 남부 11방(坊) 중 하나로 예부터 서사(서점)가 많이 있던 곳이다. 희다욱당은 특별히 정부에서 이용하는 어용서사였다. 하지만 정부 서적을 출판·판매하는 관영서사(官營書肆)는 아니었다. 관영서사는 19세기 후반에 이르기까지 설립된 적이 없었다. 다만 19세기 후반에 회동서관, 대동서시 등 민영서사들이 많이 설립되었는데, 이들은 서적 판매와 출판 업무를 병행하였다.[11] 그런데 희다욱당을 발매소라고 명기한 것으로 보아, 책을 출판하기보다는 주로 정부에서 발행한 서적을 판매하거나 정부에 필요한 책을 조달한 민영서사였던 것으로 보인다.

---

10) 이 책은 이미 한문현토체로 쓰여 있기 때문에, 여기서 말하는 번역은 책 전체를 한글로 번역하는 것을 지칭한 것이다.

11) 민영서사는 순조 29~30년(1829~1830년)에 처음 설립되었지만 이는 곧 폐지되었다. 이후 19세기 후반에 이르러 회동서관, 대동서시과 같은 민영출판사와 서점들이 등장하기 시작했다. 서사의 변천 과정에 대해서는 백운관·부길만, 『한국출판문화변천사』, 서울: 타래, 1992, 76-79쪽 및 91-95쪽 참조.

『신찬교육학』은 민간인 기무라의 저작이지만 그 발행 과정에 학부가 직접 연관되어 있다. 어용서사에서 발매했다는 점 이외에, 발행 당시 외무협판이자 전 학무협판이었던 윤치호가 제자(題字)를 했다는 점도 그 연관성을 보여 준다. 표지의 서명 옆에 '윤치호군 제자'라고 표기하고 있다. 이는 표지 다음에 수록된 윤치호의 한시(윤 5월 하순 작)를 지칭한 것일 수 있으나, 굳이 서명 옆에 명기한 것으로 보아 서명 자체를 윤치호가 써 주거나 지어 주었다는 의미로 해석할 수 있다.

윤치호는 제자를 했을 뿐만 아니라, 이 책의 출판 자체에 깊이 관여하였다. 이 책의 인쇄일은 7월 13일(양력 9월 1일)이다. 당시 조선에 체류한 기무라가 일본 오사카 활판제조소에 원고를 보내 인쇄까지 마치려면 두 달 정도는 걸렸을 것이다. 그렇다면 그가 원고를 일본에 보낸 시점은 윤치호가 한시를 써 준 윤 5월 하순 무렵과 일치한다. 그런데 전술했듯이 5월 1일까지만 해도 학부는 사범학교용 교과서를 자체 편찬하려는 방침을 견지하고 있었다. 학부는 이후 이 방침을 바꾼 것으로 보인다. 그 시기는 넓게 잡으면 5월 1일에서 윤 5월 하순 사이일 것이다. 이 시기에 윤치호는 학부협판이었다.[12] 결국 학부협판이던 윤치호가 기존의 방침을 바꾸어 기무라의 저서를 사범학교 교과서로 쓰기로 결정하고 직접 제자와 한시를 써 준 것이다. 그 현실적인 이유는 사범학교 교과서를 직접 편

12) 그의 학부협판 재직 기간은 5월 10일에서 윤 5월 20일까지이다(『고종실록』 1895년 5월 10일사 및 1895년 윤 5월 20일자).

찬할 인력과 시간이 부족했기 때문이다.[13)] 같은 해 5월에 기존의 사범학교는 한성사범학교로 다시 출범해서 수업을 시작했는데, 이때부터 학부는 『소학만국지지』와 『국민소학독본』 등 소학교용 교과서를 편찬하는 데 전념하였다. 또 다른 이유는 개인적인 것으로, 그가 기무라와 교류하면서 그의 학식과 역량을 믿은 것 같다. 윤 5월에 학부고문관으로 고빙된 다카미도 기무라를 적극 추천했을 것으로 보인다. 두 사람은 모두 일본 효고현 출신이고 후쿠자와 유키치(福澤諭吉)와 관계가 있는 인사들이었다.[14)]

이와 같이 근대적 교원양성제도가 확립되는 시점에 우리나라에서 최초로 발매한 근대 교육학서의 발행 및 발매 과정에는 학부가 일정 부분 관여하였다. 이 책은 학부협판이 제자와 한시를 써 주고, 정부 전용 서점에서 발매하고, 관립 한성사범학교에서 사용할 교과서였다. 그렇기에 이 책은 조선에 체류하던 일본인이 쓴 것임에도 불구하고 일본의 인쇄소에 넘기기 전에 학부 측의 검토를 거쳤을 가능성이 높다. 출판 전에 내용의 검토와 교열, 혹은 일부 한글 표기(조사, 어미, 서양 인명, 일부 서구어)에 학부가 어느 정도 관여했

13) 학부편집국, 『소학만국지지』, 1895년 6월(음력), 서문 참조. 이 책 다음으로 같은 해 7월에 『국민소학독본』을 발행하였다.

14) 다카미와 기무라는 둘 다 효고현 출신이다. 그들의 자택은 각각 효고현의 고베시 미카게와 히메지(姬路)시 시키사이(飾西)에 있었다(각주 5 및 이 책 서지사항 참조). 다카미는 후쿠자와가 설립한 게이오기주쿠 출신으로 후쿠자와와 깊은 관계가 있는 인사였다(각주 5 참조). 그리고 기무라는 게이오기주쿠에서 발행하는 잡지에 글을 발표한 적이 있었다(부록 1 참조). 기무라도 게이오기주쿠에서 공부한 것이 아닌가 싶다. 당시 다카미는 젊은 청년이었고, 기무라는 그의 저작 활동으로 보건대 다카미보다 10살 이상 많았을 것으로 추정된다.

을 것으로 추정된다. 이 책은 한문체 문장에 한글토를 달고 서양 인명과 일부 서구어를 한글로 표기하였다.

기존에『신찬교육학』의 번역 여부에 대해 두 가지 주장이 제기되었다. 먼저, 당시 학부고문관이자 한성사범학교 속성과 교사였던 다카미가 번역했을 것이라는 주장이다. 이는 원본을 보기 전에 역주자가 제기한 것이다. 한글 현토가 되어 있고, 정부의 어용서사에서 발매했다는 점에 주목한 주장이었다. 그런데 최근에 확인한 강윤호본에는 특별히 무단 번역을 경고하는 문구가 명기되어 있다. 따라서 이 책은 처음부터 기무라가 한문체로 서술했을 가능성이 높다. 하지만 한글 표기가 여전히 타인의 도움을 받아 번역되었을 개연이 남아 있다.[15]

다음은 기무라가 애초에 모든 내용을 한문현토체로 저술하고 독자적으로 출판했다는 주장이다.[16] 이 주장은 기무라가 저작자로 표기되어 있다는 점에 주목하였다. 하지만 이는 학부와의 연관성(현직 학부협판의 제자와 한시, 정부 어용서사의 발매소 선정, 저자와 학부관료와의 교류 등)을 과소평가하고, 당시 학부의 교과서 편찬 과정을 충분히 고려하지 못한 주장이다.

---

15) 당시 기무라의 한국어 실력이 어느 정도였는지는 알 수 없다. 당시 조선에 진출한 일본인이 모두 한국어에 능통한 것은 아니었다. 참고로 한성신보 편집장 고바야카와 히데오(小早川秀雄)와 기자 마츠무라 다츠요시(松村辰喜)의 예를 들 수 있다. 그들은 한국에서 활동하는 언론인임에도 불구하고 조선어를 전혀 못해서 이상설과 필담으로 이야기를 나누어 친해졌다고 한다(혜문, 앞의 책, 100쪽).

16) 한용진 교수의 주장이다(한용진,「개화기 사범학교 '교육학' 교재 연구」,『한국교육학연구』제18권 제1호, 2012 참조).

여기서 역주자는 이 책의 교열이나 일부 한글 표기에 학부편집국장 이경직과 다카미가 관여했을 가능성에 새로 주목하고자 한다. 당시 두 사람은 『소학만국지지』를 함께 번역하고 있어서 다른 일에 전념하기 힘들었지만, 이 책의 교열이나 한글 표기에 도움을 주었을 가능성은 높다. 이 책의 한문체 서술은 한문에 능통한 한성사범학교 학생들을 염두에 둔 것이다. 한문을 검토하는 일은 이경직이 적임자였던 것 같다. 그는 사헌부 지평 출신으로 후일 성균관장까지 역임할 만큼 한문 실력과 식견을 갖춘 관료였다. 서구 인명과 서구어의 한글 표기, 한글 현토에는 이경직과 다카미가 함께 관여했을 것이다. 다카미도 한성사범학교 속성과에서 가르치고 일본 교과서를 한글로 번역해 낼 정도로 한국어 실력을 갖추고 있었다.[17)]

이상하게도 저자 기무라는 한글이 포함되고 조선에서 발매한 책임에도 불구하고 저작의 경위를 밝히는 서문을 남기지 않았다. 바로 이 때문에 여러 가지 가능성과 논란이 제기될 수 있다. 앞으로 기무라의 일본 행적, 그의 일본어 저서와 이 책의 연관성(문체, 용어, 내용) 등이 더 규명될 필요가 있다.

『신찬교육학』은 총 6개 장으로 구성되어 있다. 1, 2장은 서론과 총론이고, 나머지는 삼육(三育)의 틀에 입각해 각각 지육론, 덕육

---

17) 그는 1896년에도 학부고문관 아사카와와 함께 『신정심상소학』을 편집 · 번역해 냈다. 이 책은 전부 97개 과로 되어 있는데, 이 가운데 24개 과는 일본 문부성 편집국에서 1887년에 간행한 『심상소학독본』을 한글과 한자를 섞어 번역한 것이다(김병철, 『한국근대서양문학이입사연구(상)』, 서울: 을유문화사, 1989, 87-88쪽).

론, 덕육본론, 체육론으로 구성되었다. 지육을 맨 앞에 배치하였고, 분량도 지육(총 32쪽)이 덕육(총 29쪽)보다 더 많아 지육을 가장 중시한 것 같지만, 덕육에는 2개 장을 할애해 지육 못지않게 강조하였다. 체육은 배치 순서와 분량(총 8쪽)에서 가장 경시되고 있다. 미육(美育)은 덕육 안에서 2개 항으로 소개하였다.

이 책의 전반적인 체계는 1880년대 일본에서 이자와 슈지(伊澤修二)[18]와 노세 사카에(能勢榮)[19] 등이 성립한 삼육 중심의 교육학 체

---

18) 이자와 슈지는 1851년에 현재의 나가노현 다카도(高遠)에서 태어났다. 1870년 번의 공진생(貢進生)으로 대학남교(현 도쿄대학교)에 입학하였고, 1875년 미국에 유학하여 매사추세츠 주 브리지워터 사범학교에 입학하였다. 동교에서 교장 보이덴(A.G.Boyden)으로부터 심리학과 교육학을 배웠다. 또한 미국 유학 시 학교관리, 생도양성법 및 음악, 체조 등을 연구하고 1878년 귀국하였다. 그는 귀국 후 일본인이 저술한 최초의 교육학서인 『교육학』(1882)을 출판하였다. 이 책은 삼육의 틀로 구성된 교육학서이다. 이는 도쿄부 소학교 교원들에게 강술한 것을 수정·보완해 출판한 것인데, 그가 미국 유학 시 배운 심리학과 교육학의 강의록을 바탕으로 하였다. 그는 귀국 후 도쿄사범학교에 부임해 페스탈로치(J. H. Pestalozzi) 등의 자연주의 교육사상에 기초한 개발주의 교육을 전국에 보급하였다(藤原喜代藏, 『明治・大正・昭和 教育思想學說人物史』 第1卷, 東京: 東亞政經社, 1942, 402-408쪽; 伊澤修二, 『教育学』 上,下, 東京: 丸善商社, 1882~1983).

19) 노세 사카에는 1852년 도쿄에서 출생하였다. 1870년 미국으로 건너가 고학으로 1872년 오레곤 주의 중학교를 졸업하고, 이어 퍼시픽 대학교에 입학하여 1876년 이학과를 졸업하였다. 곧바로 귀국하여 오카야마(岡山)현 사범학교 겸 중학교 교두가 되었고, 1880년 학습원 교수, 1882년 노나가(野長)현 사범학교 교장, 1885년 후쿠시마현 사범학교장을 두루 역임하고, 1886년 문부대신 모리 아리노리에게 발탁되어 문부성 서기에 임명되었다. 1888년에 도쿄고등여학교 교두 겸 간사를 역임했다. 그의 대표적인 저서와 역서는 『통신교수교육학』(1886), 『교육학』(1889), 『근씨교수론』(Compayré, 중역 1891~1892), 『신교육학』(1894), 『래인씨교육학』(역, 1895), 『헤르바르트파 교육학강연』(1895) 등이다. 그는 1880년대 후반까지는 미국 교육학자 조호노트(J. Johonnot)의 개발주의 교육론을 중시하였다. 그러나 프랑스 교육학사 콩페이레(J. G. Compayré)

계에 입각해 있다.[20] 일본인 최초의 교육학서인 이자와의 『교육학』(1882)은 서론만 없을 뿐 총론—지육—덕육—체육으로 이어지는 체계는 이 책과 동일하다. 노세의 『교육학』(1889)은 서론—총론—지육론—덕육론—체육론으로 구성되어 전 체계가 동일하다. 분량의 차

의 『근씨교수론』을 번역 소개하며 아동의 정의(情意)의 도야를 통한 덕성의 함양도 중시하는 절충적 교육설을 제창하였고, 그 이후에는 다시 입장을 바꾸어 헤르바르트(J. F. Herbart), 라인(W. Rein) 등의 독일 교육학에 의거한 덕육주의 교육설에 경도되었다(藤原喜代藏, 앞의 책, 646-648쪽; 김성학, 앞의 책, 82쪽, 116-117쪽 참조).

20) 일본에서 삼육(지육, 덕육, 체육)의 체계로 '저술'된 최초의 교육학서는 이자와 슈지의 『교육학』(1882)이다. 이후 1880년대에 삼육의 교육학체계는 널리 확산되어 대부분의 교육학서는 이 체계에 입각하였다. 삼육의 체계는 1889년에 이르러 노세 사카에의 『교육학』(1889)에 의해 완성되었다는 평가를 받고 있다(김성학, 앞의 책, 116쪽).

원래 삼육의 개념은 3H(Heart, Head, Hand) 교육을 주장한 페스탈로치 교육사상에서 출발하였다. 그에게 있어 교육이란 심정, 지능, 기능의 세 능력을 조화롭게 발전시키는 것을 의미한다. 그의 제자 니프(J. Neef)는 1806년 미국으로 건너가 30년간 교직 활동을 하며 세 능력을 영어식 표현(moral, intellectual, physical capacity)으로 바꾸어 그의 교육사상을 미국교육계에 널리 전파하였다. 이후 1820~1860년대에 미국과 영국에서 삼육 개념에 입각한 교육학서가 많이 출현하였다. 1860년에 스펜서(H. Spencer)는 『교육론』에서 자유와 진화와 원리에 입각한 실용적 삼육론을 제창하였다. 그의 저서는 출판 이후 20년간 16개국 언어로 번역되어 전 세계에 큰 영향을 미쳤다(이에 대해서는 김정환, 『페스탈로치의 교육철학』, 서울: 고려대학교 출판부, 1995, 14-29쪽; 김자중·한용진, 「19세기 영국에서의 삼육 개념의 형성과 전개」, 『교육철학연구』 제36권 1호, 2014 참조).

이렇게 서구에서 삼육 중심의 교육학은 페스탈로치로부터 시작해서 스펜서에 이르기까지 지속적으로 형성되어 왔다. 이러한 틀 안에는 페스탈로치, 루소, 로크, 스펜서 혹은 헤르바르트 등 다양한 교육사상가의 교육론이 내포되어 있다. 일본은 메이지유신 이후 주로 미국에서 삼육의 틀에 입각한 교육론을 적극 수용하였다. 이를 주도한 것은 문부성과 미국유학생들(이자와 슈지, 다카미네 히데오, 노세 사카에 등)이었다.

이는 현격하지만, 각론의 세부 구성은 노세의 저작과 더 유사하다 (부록 3, 4 참조).

이와 같은 체계 아래, 서론과 총론에서는 1890년대 일본에서 크게 유행한 헤르바르트 교육학과 덕육 중심의 국가주의 교육론을 중시한다.[21] 저자는 윤리학을 목적으로 삼고 심리학을 방법으로

21) 『신찬교육학』이 출판될 무렵까지 일본에서 근대교육론의 수용 및 변천 과정은 다음과 같이 크게 세 단계로 전개되었다.
첫 번째 단계(1868~1879년)는 상식적 실리주의 교육론과 초보적 자연주의 교육론이 소개된 시기이다. 메이지 초부터 후쿠자와 유키치 일파가 정치적·종교적 교육과는 다른 실용적 교육을 주장하였고, 1872년 무렵부터 미국인 스코트(M. Scott)와 머레이(D. Murray) 등이 『문부성잡지』에 자연주의 교수설을 소개하였다. 특히 스코트는 페스탈로치의 직관교수법을 구체화한 서물지교(庶物之教)를 보급시켰다.
두 번째 단계(1880~1889년)는 실리주의 교육론과 개발주의 교육론이 풍미하던 시기이다. 1880년에 스펜서의 교육론이 완역되었다. 이후 완전한 생활을 준비하는 지식과 기능을 중시하는 실리주의 교육론이 급속히 확산되었고, 덕육과 미육은 매우 경시되었다. 이와 함께 아동의 자연성에 기초하여 이것의 조화로운 계발을 주장한 개발주의 교육론이 득세하였다. 이것은 메이지 초기 자연주의 교육론의 진화·발달에 다름 아니었다. 대표 학자는 이자와 슈지와 다카미네 히데오(高嶺秀夫)이다. 이들은 미국 사범학교 출신으로 귀국 후 도쿄사범학교에서 대규모 교원재교육을 실시하여 개발교육을 전국에 보급하였다. 이때 사용된 교재는 미국의 개발주의 교육론자인 조호노트의 『교수의 원리와 실제』였다. 대표적인 교육학서는 『교육학』(伊澤修二, 1882), 『교육신론』(Johonnot, 高嶺秀夫 역, 1885), 『개정교수술』(若林虎三郎·白井毅, 1884) 등이다.
세 번째 단계(1890~1900년)는 헤르바르트의 교육론이 급속히 확산된 시기이다. 이는 처음에 일본정부에 의해 의도적으로 도입되었다. 1887년에 문부성이 초빙한 독일인 하우스크네히트(E. Hausknecht)가 도쿄대학교에서 헤르바르트 교육학을 가르쳤고, 1890년에는 독일유학생 노지리 세이이치(野尻精一)가 귀국해 도쿄고등사범학교에서 헤르바르트 학설을 강의했다. 이후 일본 교육계에 헤르바르트 교육론이 풍미하였다. 이에 따라 도덕적 품성의 함양, 즉 덕육이 매우 중시되었다. 이상 논의는 藤原喜代藏, 앞의 책, 649-664쪽; 尾形裕康 外, 신용국 역, 『日本教育史』, 서울:교육출판사, 1994, 198-210쪽; 김성학, 앞의 책,

삼는 헤르바르트 교육학이 일본·조선·청국의 상태에 가장 적절하므로 헤르바르트와 케른의 학설을 바탕으로 각 나라에 적합한 응용교육을 실시해야 한다고 주장하였다. 또한 교육이란 완전한 국민을 양성하는 것이며, 교육의 목적은 원만한 덕을 함양하는 것이라고 하였다. 삼육의 순서도 총론에서 덕육–지육–체육의 순서로 바꾸어 제시하였다.

반면에 본론(각론)에서는 1870~1880년대 일본이 미국에서 페스탈로치 등의 자연주의 교육사상을 수용해 구축한 삼육중심의 개발주의 교육론에 토대를 두었다. 기무라는 심의(心意)를 지·정·의로 나누고, 지는 지육에 포함시키고 정과 의는 덕육에 관련시킨다. 그리고 이 세 가지가 서로 조화를 이루어야 완전한 발달에 이를 수 있다고 하였다. 이는 여러 능력을 조화롭게 개발시켜 '완전한 인간'을 양성하는 것이 교육의 목적이라고 주장한 이자와와 노세(1889)의 노선을 따르고 있는 것이다.[22] 기무라는 지력을 일곱 가지, 즉 감각, 지각, 기억, 상상, 개념, 단정(판단), 추리로 구분하고 여기에 주의력을 추가한다. 그리고 각 요소의 정의와 의의, 발달 원리 및 양성법(발육법, 수련법)을 설명하고 있다.

기무라는 덕육론에서 원만한 덕의 양성이 교육의 목적이라고 다

167-168쪽; 한용진·최정희,「일본 메이지기 삼육 개념의 도입과 전개」,『비교교육연구』제24권 1호, 2014 참조.

22) 伊沢修二, 앞의 책, 1882, 1-2쪽; 能勢栄,『教育学』巻1, 金港堂, 1889, 67-69쪽 참조. 하지만 노세는 1891~1892년에 프랑스 교육학자 콩페이레의『근씨교수론』을 소개할 무렵부터 개발주의 교육론을 비판하고 대신에 덕육 중심의 교육론을 제창하기 시작했다.

시 천명하였다. 하지만 세부 논의는 정과 의에 관련된 심의를 개발하는 것에 집중하고 있다. 구체적으로 감정의 종류와 의의 및 교육법, 의사(의지)의 의의와 종류 및 교육법을 소개한다. 그리고 덕육본론에서는 덕육의 근본은 '증명'이 아니라 '감동'을 주관하는 것이라고 하고, 고상한 정서와 덕성을 기르기 위한 학교와 스승, 역사적 모델, 부모의 역할과 중요성을 역설하였다. 그리고 여기에 미육과 종교교육도 포함해 간단히 소개하였다.

체육론에서는 체육의 두 가지 근본요소로 위생과 체조를 제시하였다. 생리학과 위생학을 바탕으로 신체의 건강을 위한 체육과 아동 보양법을 소개하고, '애국의 지기(志氣)'를 기르는 규율로서의 체조도 강조하였다. 이는 지덕체의 조화로운 발달을 위한 체육과 함께 국가 보전을 위한 체육을 중시한 것으로 1880년대 개발주의 교육론과 1890년대 국가주의 교육론의 영향을 모두 보여 준다.

이렇게 본론에서도 덕육을 교육 목적으로 재차 천명한다거나 국가 보전을 위한 병식체조를 소개하는 등 당시 일본에서 주류로 부상한 덕육 중심의 국가주의 교육론의 영향이 드러나 있다. 또한 스펜서의 실리주의 교육론의 영향도 일부 확인되고 있다. 그의 관찰교육과 진화 원리에 따른 지육 발달의 순서, 생산자의 강건한 신체와 인내를 기르는 체육의 필요성 등이 언급되었다.[23] 하지만 본론의 전반적인 내용은 1880년대 일본의 개발주의 교육론에 토대를

23) 스펜서의 실리주의 교육론이 『신찬교육학』에 미친 영향을 강조한 논의로는 구희진, 「갑오개혁기 신학제의 추진과 실용 교육의 지향」, 『국사관논총』 제89집, 2000 참조.

두고 있다. 일본에서 개발주의 교육론의 확산에는 이자와 슈지, 다카미네 히데오(高嶺秀夫),[24] 노세 사카에 등 미국유학생들이 큰 역할을 하였다.[25] 심리학과 체육학을 바탕으로 저술한 이자와의 『교육학』과 심리학 · 윤리학 · 생리학을 바탕으로 저술한 노세의 『교육학』은 모두 완전한 인간을 양성하기 위한 여러 능력의 개발을 중시하였다. 다카미네도 인간 능력의 조화로운 개발을 주장한 미국 교육학자 조호노트의 저서를 교재로 사용하고, 다시 번역하여 전국에 보급하였다.[26] 1880년대에 풍미한 이러한 교육론의 영향을 받아 저자는 지육과 덕육에 관련된 각종 심리적 요소를 추출해 낸

---

24) 다카미네는 1854년에 후쿠시마현 아이즈(會津)에서 출생했다. 메이지유신 후 도쿄로 가서 영학(英學)을 배우고, 곧이어 게이오기주쿠에 입학했다. 1875년에 정부의 명령을 받아 사범학교를 연구할 목적으로 미국에 유학하였다. 1877년 뉴욕 주 오스위고 사범학교를 졸업하였다. 1878년 이자와 슈지와 함께 귀국한 뒤 도쿄사범학교에서 교편을 잡았고 이후 교장이 되었다(藤原喜代藏, 앞의 책, 402쪽).

25) 이에 관한 세 사람의 주요 저 · 역서의 서지사항은 다음과 같다.
伊澤修二,『教育学』上,下, 東京: 丸善商社, 1882~1983(1883년에 상하 합권 출판).
J. Johonnot, 高嶺秀夫 譯,『教育新論』巻1-4, 東京: 茗渓会, 1885~1886.
能勢榮,『教育学』巻1~4, 大坂: 金港堂, 1889.

26) 개발주의에 입각한 실제 교수안은 이자와와 다카미네의 도쿄사범학교 제자인 와카바야시 토라사부로(若林虎三郎)와 시라이 츠요시(白井毅)의 『개정교수술』(1884)에서 명확히 제시되었다. 이자와와 다카미네의 활동과 더불어 그들 제자의 저서가 보급되면서 개발교육이 전국에 풍미하게 되었다. 『개정교수술』 서두에 개발주의 교수원칙을 제시하고 있는데, 주요 골자만 적어 보면 다음과 같다(2-3쪽). ① 활동은 아동의 천성이다. ② 자연의 순서에 따라 제 심력을 개발시켜야 한다. ③ 오관에서 시작하라. ④ 제 교과는 그 기초부터 가르쳐야 한다. ⑤ 한 걸음 한 걸음 나아간다. ⑥ 직접적인 것이든 간접적인 것이든 모든 과(課)는 요점이 있어야 한다. ⑦ 관념을 먼저 하고 표출은 나중에 해야 한다. ⑧ 이미 알고 있는 것에서 모르는 것으로 나아간다. ⑨ 먼저 종합하고 나중에 분해해야 한다.

다음에, 인간 본성에 적합한 교육 방법을 함축적으로 설명한다. 체육에 대한 논의도 이런 노선에서 크게 벗어나지 않는다. 본론에서 언급된 저명한 교육사상가는 루소 6번, 칸트 4번, 스펜서 3번, 페스탈로치와 로크 각 2번, 프뢰벨과 코메니우스 각 1번이었다. 루소, 페스탈로치, 프뢰벨 등 개발주의 교육론의 토대인 자연주의 교육사상가가 가장 자주 소개되었다. 구체적인 교육 원리로는 루소의 소극적 교육과 기반법, 페스탈로치의 실물교육, 프뢰벨의 6종의 은물 등이다.

반면, 본론에서 헤르바르트 교육론은 전혀 다루지 않았다. 헤르바르트 자체가 한 번도 언급되지 않았다. 더구나 그가 도덕성 함양이라는 교육 목적을 체계적으로 설명하기 위해 동원한 개념들, 즉 다섯 가지 도덕적 관념(5도념), 교육적 교수, 다면적 흥미, 사고권, 통각과 치사, 전심, 교수 단계, 관리–교수–훈련 등 주요 개념을 전혀 소개하지 않았다. 덕육의 개발 방법도 지적 내면화를 통한 사고권의 형성을 중시하는 헤르바르트와는 달리 감정과 의사(의지)의 발육을 강조하고, 그가 비판한 칸트의 선의지도 비교적 자세히 소개하였다. 체육에 있어서도 마찬가지이다. 체육을 경시한 헤르바르트와는 달리 "건강이 있은 후에야 좋은 지식을 길러 얻을 수 있고 또 덕행을 이루어 얻을 수 있는 것이다. 그러므로 체육을 어찌 가벼이 여길 수 있겠는가?"라고 하며 체육도 지육, 덕육과 함께 중시하였다.

『신찬교육학』은 1890년대 초반까지 일본이 성립시킨 교육학의 체계와 내용을 다이제스트 요약본처럼 간략하지만 함축적으로 소개하였다. 비록 간략하지만 이 책을 통해 학문으로서의 교육학이 우리나라에 본격 수용되었다. 당시 이 책을 처음 접한 조선인들은 상당한 지적 · 문화적 충격을 받았을 것이다. 교육학이라는 학문 자체와 삼육의 교육체계가 매우 생소했을 것이며, 이 책에서 처음 소개된 루소, 칸트, 스펜서, 페스탈로치, 로크, 프뢰벨, 코메니우스 등의 교육론 및 오늘날까지 유효한 다양한 심리학 개념은 더욱 이해하기 힘들었을 것이다. 동시에 자연적인 발육의 순서에 따른 교육 원리, 흥미를 중시하고 직관을 활용한 지력 개발, 감정과 미적 소양을 기르는 교육법, 위생과 체조를 중시하는 체육 등은 호기심의 대상으로 다가왔을 것이다. 당시 이 책이 조선교육계에 미친 파급력이 어느 정도였는지는 알 수 없다. 그러나 이 책을 통해 조선 후기까지 면면히 이어져 내려오던 전통적 교육학적 사유들이 근대 교육학 체계 속으로 급속히 편입되기 시작했다는 점은 분명해 보인다.

이 책은 교육학서이지만 서구 심리학 수용사 측면에서도 중요한 저작이다. 지육론은 기무라가 스스로 밝히고 있듯이 심리학에 의거해 있다. 감각 · 지각 · 기억 · 주의력 등 주요 심리요인의 의미와 발달특성을 소개하고, 덕육론에서도 감정과 의지의 문제를 비중 있게 다룬다. 이는 심리학 수용 사상 최초로 우리나라에 소개된 것으로 보인다. 이와 함께 윤리학, 위생학, 생리학, 식물학, 동물학, 화학, 지학, 수학, 기하학, 논리학, 심미학 등 다양한 근대 학문을 언급한다.

이 책은 서구 교육론을 수용하면서도 일부 비판적 수용의 태도를 견지하고 있다. 예를 들어, 의지의 함양에서 아동의 자연성을 존중하는 것은 좋지만 부모와 엄한 스승의 명령도 확실히 지키게 해야 한다고 주장하고, 15세 이전에 감정교육을 실시해야 한다는 루소의 주장에 반대하며 소극적인 반정(반감) 예방교육을 옹호한다. 또한 이 책에서는 근대교육에 대한 강한 기대가 드러난다. "하늘과 땅 사이에 교육과 같이 위대한 것은 없다."라고 하거나 교육에서 "가장 귀중한 것은 교사를 숭상하는 것"이라고 하여 교육의 효능과 교사의 중요성을 역설하였다.

『신찬교육학』은 일본인이 저술한 것이기에 독자의 이해를 돕기 위해 종종 일본의 사례를 활용한다. 대표적인 것으로, 충신에 대한 설명에서 무로마치 막부(室町幕府)를 세운 아시카가 다카우지(足利尊)를 예로 든다거나, 추리에 대해 설명하면서 청일전쟁에서의 일본의 승리를 언급하며, 개념력을 설명하면서 후지산과 야시노산, 닛코산 등 일본의 명산을 예로 들고, 학교교육에서 의지 형성의 중요성을 강조하면서 교육칙어를 예로 드는 것이 그것이다. 일본에 대한 친근감을 높이고 일본의 우월성을 보이려고 한 것 같다. 또한 서구 편향적 내용도 얼핏 엿보인다. 촉각에 대해 논의하면서 무슨 근거에서인지 알 수 없지만 서양인이 손가락 끝을 동양인보다 더 잘 단련한다고 평가하고 있다.

일러두기

1. 이 책은 기무라 도모지의『新撰教育學』(大阪: 前川善兵衛, 1895)을 우리말로 옮긴 것이다.
2. 이 책의 원문과 원주는 〈원문〉과 〈원주〉로, 그리고 역주자의 주는 〈역주〉로 표기하고 모두 각주로 처리하였다.
3. 인명과 지명 등 고유명사는 오늘날 사용하는 명칭으로 표기하였다. 다만, 무엇인지 불분명한 경우는 원문 표기를 그대로 두었다.
4. 이 책의 주요 개념은 가급적 원문 그대로 표기하고, 혼동의 우려가 있는 경우 〈역주〉를 달았다.
5. 이 책은 원래 문단 구분이 없으나, 너무 긴 문단은 역주자가 임의로 문단을 나누었다.
6. 독자의 편의를 위해 중요한 내용은 고딕 처리하여 강조하였다.
7. 이 책의 원본을 본문 마지막에 우철(책의 오른쪽을 묶는 형태)로 수록하였다.

산이 높지 않아도 신선이 살고 있으면 명산이요

물이 깊지 않아도 용이 살고 있으면 신령스런 곳이며

나라가 크지 않아도 백성을 가르치면 흥하리라[1]

1895년(을미) 윤 5월 하순[2]

윤치호

1) 山不在高有仙則名 水不在深有龍則靈 國不在大敎民則興 〈원문〉 앞의 두 행은 당나라 시인 유우석(劉禹錫, 772~842년)이 지은 '누실명(陋室銘)'이라는 자계(自戒)의 글에서 차용한 것이다. 세 번째 행은 윤치호가 교육의 중요성을 보여주기 위해 덧붙인 것이다.
유우석은 젊은 시절 하급관리로 좌천되어 지낼 때 누실명을 지었다. 그는 비록 자신이 초라한 집에 살지만 자기 덕의 향기로 가득 찬 그곳은 결코 누추하지 않다고 위안하면서 스스로 자부심을 높이고 있다. 전문은 다음과 같다. "山不在高 有仙則名 水不在深 有龍則靈 斯是陋室 惟吾德馨 苔痕上階綠 草色入簾青 談笑有鴻儒 往來無白丁 可以調素琴 閱金經 無絲竹之亂耳 無案牘之勞形 南陽諸葛廬 西蜀子雲亭 孔子云 何陋之有"(윤치호 한시의 유래는 한용진 교수가 확인한 바 있다(한용진, 「개화기 사범학교 '교육학' 교재 연구」, 『한국교육학연구』 18-1, 2012, 50쪽 각주 참조). 〈역주〉

2) 乙未 閏五 下旬 〈원문〉 '윤오 하순'에서 윤오는 윤 5월을 가리킨다. 윤치호는 5월 10일에서 윤 5월 20일까지 학부협판으로 재직하였다. 그러므로 이때는 그가 학부협판을 그만 둘 무렵이거나 외부협판으로 막 임명된 시점이었다. 윤오월은 양력으로 1895년 6월 23일에서 7월 21일까지로, 윤 5월 하순은 대체로 7월 12~21일 무렵이다. 〈역주〉

차례

제2장 총론

제3장 지육론

제4장 덕육론

부록

제1장
서론

[한성사범학교 전경]

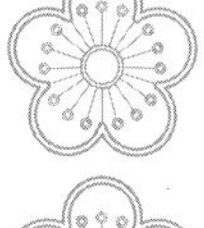

학술의 요의[1)]

오늘날 무릇 교육의 임무를 담당하고 있는 사람은 먼저 학문과 기예[2)] 이 두 가지를 분별할 수 있어야 한다. 이 두 가지 것은 자동차의 두 바퀴와 같은 것인데, 학문이 있으나 기예가 없고, 기예는 있으나 학문이 없으면 가히 교육을 실행할 수 없다. 그러므로 교육의 기예를 베풀고자 하는 사람은 그 학문을 익히지 않으면 안 된다. 학문을 능숙하게 익히면 기예 또한 깨달아 알게 될 것이니, 소위 학문이라는 것은 교육의 이치[3)]를 다루는 것이고, 기예란 교육의 방법을 다루는 것이다.

교육의 종류

교육의 종류는 두 가지로 나눌 수 있는데, 하나는 학과 정도[4)]로, 다

---

1) 원문에서는 각 내용을 서술한 다음에 소제목을 제시하고 있다. 또 소제목을 '右明學術之要義' 식으로 풀어서 달아 놓았다. 하지만 차례에서는 '學術之要義'와 같이 줄여서 명시하고 있다. 여기서는 소제목을 먼저 제시하고, 차례와 같은 방식으로 소제목을 달았다. 〈역주〉
要義 〈원문〉 중요한 뜻, 요약한 뜻 〈역주〉

2) 원문은 '學'과 '術'이다. 여기서 교육은 단순한 기능이 아니라 일종의 예술 행위라는 관점에서 '術'을 '기예'로 번역하였다. 〈역주〉

3) 教育之里 〈원문〉

4) 學科程度 〈원문〉

른 하나는 학과 종류를 기준으로 나눌 수 있다. 예를 들어, 실업교육과 미술교육은 각각 학과 종류에 따라 그 이름을 부여한 것이다. 농업과 양잠을 연구하는 것이 농업교육이며, 상업의 이치를 배우는 것이 상업교육이고, 그림과 조각의 기술을 익히는 것이 미술교육이다. 소학교에서와 같이 정도가 낮고 쉬운 학과[5]를 배우는 것을 초등교육이라고 부르고, 그 학과가 중학교육과 같이 조금 더 높은 것을 중등교육이라고 한다. 이와 같은 교육의 종류를 다시 그 학과의 높고 낮음에 따라 명칭을 부여하면 중학 · 소학교육에서 통상적인 학과[6]를 연구하는 것을 보통교육이라 칭하고, 또 대학에서처럼 고상한 학과[7]를 연구하는 것을 전문교육이라 부른다.

인간의 재능과 지혜[8]

거미는 거미줄을 치고 새들은 둥지를 만든다. 이와 같은 공교한 지혜에 인간은 미치지 못할 것이다. 그렇지만 새와 짐승과 곤충과 물고기는 그 상태가 옛날과 지금이 수레바퀴 자국처럼 동일하여 더 나아진 바가 없다.[9] 이것은 본능적 작용에 결함이 있기 때문이다. 본능적 작용이 없는 동물은 비록 날마다 달마다 힘써 그것을 교

5) 淺近之學科 〈원문〉
6) 通常之學科 〈원문〉
7) 高尙之學科 〈원문〉
8) 才智 〈원문〉
9) 無所進化 〈원문〉

육할지라도 참다운 지혜를 기를 수 없다.[10] 인류는 이와 같지 않아 지식이 날마다 달마다 진화하기 때문에 상고 시대에 움막이나 동굴에서 살던 생활이 궁중의 방과 누각에서의 생활로 변하였고, 옛날에는 어깨에 메는 가마와 말의 속도가 매우 빠르다고 말했으나 지금에 이르러서는 그것이 진화하여 화륜선이 되고 전차가 되었으니 그 변화의 결과[11]를 가히 추측할 수 없다. 그러므로 인류의 재능과 지혜는 다른 동물이 꾀하거나 미칠 수 없는 것이다. 인류는 원래 이와 같은 특성을 부여받았기 때문에 진화동물[12]이라고 불린다. 인류는 또한 가르치고 길러서[13] 더욱더 진화의 발걸음을 빠르게 할 수 있기 때문에 교육동물[14]이라고도 불린다. 인간이 있으면 또한 이런 이치가 있으니, 아버지가 가르치고 어머니가 기르는 것은[15] 모두 소위 하늘에 순응하는 완전한 이치이다.

---

10) 본능적 작용이란 지식을 습득하여 계속 발전시켜 나갈 수 있는 본능적인 능력을 말한다. 동물은 이런 본능적인 능력이 없기 때문에 교육을 통해 진화 · 발전할 수 없다는 의미이다. 〈역주〉

11) 變化之功 〈원문〉

12) 進化動物 〈원문〉

13) 隨教從育 〈원문〉 교육을 '교'와 '육'으로 나누어 사용하고 있는 점이 독특하다. 〈역주〉

14) 教育動物 〈원문〉

15) 父教母育 〈원문〉

정부의 책임

인간은 반드시 서로 돕고 서로 성장한다. 그러므로 사회를 이루는 까닭은 분명히 그 천성에서 나온 것이다. 이는 금수와 곤충, 물고기와 같은 동물들이 하는 것과는 다르다. 이에 국가교육이라는 것이 생겨났는데, 이는 곧 한 국가의 정부가 교육의 업무에 관계하고 간섭[16)]하는 까닭이며 또한 한 국가의 기초를 공고히 하는 것이라 말할 수 있다.[17)]

일본, 조선, 청나라는 자연교육국[18)]

사람의 지혜가 신장되는지, 그렇지 못하는지는 기후가 추운지 더

16) 關涉 〈원문〉 이것을 관계와 간섭으로 풀어 번역하였다. 〈역주〉

17) 정부가 관여하고 책임지는 국가교육의 개념이 본격적으로 소개되고 있다. 국가교육은 국가의 기초를 공고히 하는 것이라고 하여, 국가 유지를 위해 필수적인 것임을 시사하고 있다. 〈역주〉

18) 自然教育國 〈원문〉 세 나라의 자연적 조건이 교육의 발달과 그 효과를 거두기에 매우 적절하다는 의미이다. 일종의 환경결정론이 극단적으로 표출되고 있어 매우 흥미롭다. 여기엔 19세기와 20세기 초반에 지리학을 지배한 환경론의 영향이 강하게 나타나고 있다. 대표적인 지리학자는 독일의 라첼(F. Ratzel, 1844~1904)이다. 그는 지리적 환경과 사회 혹은 국가의 관계를 중시했는데, 일정한 자연환경은 인간의 사회 · 문화 발전에 동일한 영향을 미친다고 주장하였다. 〈역주〉

운지, 토양이 높은지 낮은지, 바다가 잔잔한지 광대한지,[19] 해안선이 짧은지 기다란지 등과 긴밀히 관련되어 있다. 그리고 그밖의 토지의 형세로 인해 각각 양상이 달라진다. 그러므로 만약 북반구와 남반구의 추운 지역, 인도와 아프리카의 열대 지역, 그리고 해안선이 짧은 지역은 비록 교육을 베푼다고 할지라도 그 효과를 얻을 수 없다. 그리하여 일본 및 구미 여러 나라, 조선과 청국과 같은 나라는 자연교육국이 되니[20] 참으로 하늘이 내린 은사가 크다고 할 것이다. 그리고 일본, 조선과 같은 두 나라는 동남쪽으로 잔잔하게 물결치는 광대한 태평양이 있어 토지와 기후 온난의 상태가 적절하고, 해안선의 드나듦이 빈번하여 물빛과 산기운이 어우러진 풍경은 매우 아름답다. 산과 바다에서 나는 보물과 같은 소산물과 논밭에서 나는 곡식은 무릇 사방 온 나라에서 어깨를 견줄 자가 없나니, 두 나라를 미술국,[21] 교육국이라고 이르는 것은 결코 무리가 아니다.

교육학, 즉 혼합학문의 의미

교육학이라는 것은 단일하지 않다. 이는 곧 동물학, 식물학과 같

19) 洋流之穩蕩 〈원문〉

20) 지리적인 조건이 교육이 발달하기에 매우 적합하다는 뜻이다. 〈역주〉

21) 美術國 〈원문〉 두 나라는 자연환경으로 인해 미술이 발달한 나라, 혹은 미술에 적합한 나라라는 의미이다. 여기서 일본인 저자가 일본과 함께 특별히 조선을 언급하고 있는 것은 앞으로 이 책을 보게 될 조선인 독자를 염두에 둔 것이다. 〈역주〉

다. 교육학은 의학과 흡사하여 혼합학문이다. 인간의 심정을 알고 싶으면 곧 심리학을 배우고, 체육을 탐구하려고 하면 곧 위생과 생리의 학문을 익혀야 한다. 그러므로 교육학이란 심리, 논리, 윤리, 위생, 생리, 해부, 조직, 종교, 철학, 미와 선[22] 등과 같은 학과를 통합한 뒤에 성립하는 것이다. 그러므로 여러 학문이 교육학과 연결되지 않을 수 없기 때문에 교육의 학문을 전문적으로 익히려면[23] 심리적 교육학과 윤리적 교육학을 세워야 할 것이다.[24] 그밖의 것을 강구하면 반드시 완전한 모습을 이루지 못할 것이다.

교육의 두 유형

교육에는 두 유형이 있는데, 그 하나는 자연교육이고 다른 하나는 인위교육이다. 그리고 자연교육을 다시 지리적,[25] 사회적, 운명적 교육의 세 가지 종류로 나눌 수 있다. '지리적'이란 전술한 바와 같이 기후 · 산물 · 주거 등과 관계가 있는 것이다. 공자 성현께서 말한 소위 "남방의 강함과 북방의 강함"[26]과 안자가 말한 소위 "강남의 귤을 강

22) 斯美斯善 〈원문〉 미와 선과 관련된 학과는 미학, 윤리학일 것이다. 〈역주〉

23) 專修 〈원문〉

24) 心理的教育學과 倫理的教育學 〈원문〉 심리적 교육학과 윤리적 교육학을 세워야 한다는 주장은 심리학과 윤리학을 토대로 교육학의 체계를 세운 헤르바르트 학설에 기인한 것이다. 〈역주〉

25) 地學的 〈원문〉

26) 「중용」 제10장에 나오는 말로 남쪽지방과 북쪽지방에서 강함이 다른 의미를 갖는다는 것을 지적하면서 군자의 강함이란 무엇인지를 설파하고 있는 말이다.

북에 옮겨 심으면 탱자가 된다."[27]는 것은 물과 토양의 상이함에 기인한 것이다. '사회적'이란 "인후한 마을에 사는 것이 좋으며 그러한 곳을 택하여 살지 않으면 어찌 지혜롭다 하리요."[28]란 말과, "쑥이 삼밭에서 자라면 붙들어 주지 않아도 곧게 자란다."[29]란 말을 의미하는

원문은 다음과 같다. 〈역주〉

"子路 問强 子曰 南方之强與 北方之强與 抑而强與 寬柔以敎 不報無道 南方之强也 君子居之 衽金革 死而不厭 北方之强也 而强者居之 故 君子 和而不流 强哉矯 中立而不倚 强哉矯 國有道 不變塞焉 强哉矯 國無道 至死不變 强哉矯." 자로가 강함을 물으니 공자께서 말씀하시기를 남방의 강함인가? 북방의 강함인가? 아니면 너의 강함인가? 너그럽고 부드러움으로 가르치고 무도함에 보복하지 않는 것은 남방의 강함이니 군자가 그렇게 산다. 창검과 갑옷을 깔고 죽어도 후회하지 않는 것은 북방의 강함이니 강폭한 자가 그렇게 산다. 그러므로 군자는 화하되 흐르지 아니하니 강하고 굳셈이여! 가운데에 서서 기울어지지 아니하니 강하고 굳셈이여! 나라에 도가 있을 때 궁색할 때의 마음을 변치 아니하니 강하고 굳셈이여! 나라에 도가 없을 때 죽어도 지조를 변치 아니하니 강하고 굳셈이여!

27) 「안자춘추(晏子春秋)」에 실린 유명한 고사이다. 안자는 춘추전국시대 제나라의 제상으로 이 고사는 그가 외교 업무로 초나라에 갔을 때의 이야기이다. 이 고사도 교육에 있어서 지리적 환경의 중요성을 보여 주는 것이다. 원문은 "橘生淮南則爲橘 生淮北則爲枳"이다. 전체 내용을 소개하면 다음과 같다. 〈역주〉
왕이 안자를 보고 말했다. "제나라 사람은 진실로 도적질을 잘하는군." 안자는 이렇게 대답했다. "저는 귤이 회남에서 나면 귤이 되지만, 회북에서 나면 탱자가 된다고 들었습니다. 잎은 서로 비슷하지만 그 과실의 맛은 다릅니다. 그러한 까닭은 무엇이겠습니까? 물과 땅이 다르기 때문입니다. 지금 백성 중 제나라에서 나고 성장한 자는 도적질을 하지 않습니다. 그런데 초나라로 들어오면 도적질을 합니다. 초나라의 물과 땅이 백성들로 하여금 도적질을 잘하게 하는 것입니다." 왕은 웃으면서 말했다. "성인은 농담을 하지 않는다고 하오. 과인이 오히려 부끄럽군요."

28) 里仁이 爲美하니 擇不處仁이면 焉得知 〈원문〉 이는 「논어」의 이인 편에 나오는 문장으로 사회적 환경의 중요성을 지적하고 있다. 해석에는 논란이 있는 구절로서, 주자는 "마을에 인후한 풍속이 있는 것이 아름답다. 마을을 선택하여 이런 곳에 살지 않는다면 옳고 그름의 본심을 잃게 되어 지혜롭다고 할 수 없는 것이다."라고 주석을 달고 있다. 〈역주〉

29) 蓬生麻中에 不扶自直 〈원문〉 「사기」에 나오는 구절로서 이것도 사회적 환경의

것이다. '운명적'이란 집안이 가난한지 부유한지, 거처하는 곳이 어떠한지와 관계가 있는 것이다. 그러므로 말끔히 털린 것처럼 몹시 가난해서 학자금이 부족하고 후미진 벽촌에 거주하여 스승과 서적을 구할 수 없으면 이것은 가장 불행한 것으로 학문을 닦고 연구하는 강학[30]의 목적을 이룰 수 없다. 이와 같은 세 가지 요건은 자연교육의 가장 유력한 요건이다. 그런데 일본, 조선, 청국이 이 세 요건에 적합한 교육국이라고 생각한다.[31] 그렇지만 이 장에서 특히 논하고자 하는 바는 대부분 인위교육의 주요 요점에 관한 것이다. 다음 장에서 인위교육의 큰 취지를 서술하려고 한다.

중요성을 일깨워 주고 있다. 뒤에 이어지는 구절을 추가해 전문을 소개하면 다음과 같다. 〈역주〉. "蓬生麻中 不扶自直 白沙在泥中, 與之皆黑" 쑥이 삼밭에서 자라면 붙들어 주지 않아도 곧게 자라고 흰 모래가 진흙 속에 있으면 함께 검어진다.

30) 講學 〈원문〉

31) 앞에서 일본, 조선, 청국을 자연교육국이라고 주장하며 지리적 요건만 언급했는데, 여기서는 자연교육의 요건으로 지리적 · 사회적 · 운명적 요건을 제시하고 있다. 이 세 나라가 세 가지 요건을 잘 갖춘 교육국이라고 다시 한 번 강조하고 있다. 〈역주〉

제2장
총론

[소학교 수업 장면]

교육의 의의

교육이란 그 나라의 상태와 진보의 정도에 따라서 완전한 국민을 이루게 하는 것을 말한다.[1] 그러므로 교육이라는 것의 공적은 소위 학문의 효능에 필적하는 것이다. 대개 여러 나라가 각각 그 특질과 습속[2]을 지니고 있다. 그렇기 때문에 교육의 임무를 담당하고 있는 자는 그 특질과 습속을 관찰하여 유럽과 미국 여러 나라의 학리[3]에 편향되지 않게 하고, 자기 나라의 진보 정도에 따르는 것이 필요하다. 그렇지만 또한 자기 나라의 습속 상태에 편향되어서는 안 되고, 마땅히 여러 나라의 정황과 옛날의 현인, 학자들을 참작하여야 한다. 헤르바르트 씨[4]의 교육학은 윤리학으로 그 목적을 삼고 심리학으로 그 방법을 삼는다. 이 사람의 학리는 일본 · 조선 · 청국의 상태에 가장 적합하다.[5] 그러므로 헤르바르트와 케른,[6] 이 두 사람

1) 완전한 인간이나 완전한 삶이 아니라 완전한 '국민'의 양성을 강조하고 있다는 점에 주목할 필요가 있다. 이 책이 저술된 당시 일본에서 풍미한 국가주의 교육론의 경향성을 그대로 반영하고 있다. 〈역주〉

2) 원문 표기는 '습관'이다. 여기서 개인적 습관보다는 사회적 풍습에 더 가까운 뜻으로 사용되었기에 습속으로 번역하였다. 〈역주〉

3) 學理 〈원문〉

4) 헤루바루도 씨는 영국의 철학자이다. 〈원주〉 원주에 오류가 있다. 헤르바르트는 독일의 철학자이자 교육학자이다. 〈역주〉

5) 저자는 왜 헤르바르트 교육학이 일본뿐만 아니라 조선과 청국에서도 가장 적합한지 자세히 설명하지 않았다. 저자는 앞에서 세 나라의 지리적 · 사회적 · 운명적 환경이 비슷하다고 보았다. 그래서 일본에서 국가 정책적으로 도입한 헤르바르트 교육학이 조선과 청국에서도 당연히 적합할 것이라고 미리 단정하고 있는 것 같다.

6) 게룬 씨는 헤루바루도 씨의 제자이다. 〈원주〉 헤르바르트의 문하생 케른

의 학리에 의지하고[7] 자기 나라의 지리, 역사, 정치, 풍속, 경제를 참조함으로써 응용적 교육을 실시해야 할 것이다. 유럽어[8] '에듀케이션'[9]으로 교육이라는 단어의 뜻을 해석하면, 즉 '이끌어낸다'[10]는 뜻이며, 또한 사람의 천품과 지덕을 발달시키고 개발[11]하며, 완

(H.Kern)을 지칭한다. 1887년 도쿄대학교에 초빙된 하우스크네히트(E. Hausknecht)는 케른의 저서『교육학 강요』를 영어로 강의했다. 이 책은 1892년에 일본에서 번역되었다. 저자가 케른을 높이 평가하는 연유가 여기에 있다. 〈역주〉

7) 이 부분은 1890년대 일본교육학의 흐름을 그대로 반영하고 있다. 메이지 20년대(1887~1896년) 일본에서 널리 유행한 교육학은 독일 교육학, 특히 헤르바르트 교육학이었다. 당시 국민도덕의 진작을 꾀하던 일본 정부는 독일 교육학을 의도적으로 도입하였다. 1887년에 문부성은 프로이센 정부에 의뢰해 독일인 하우스크네히트를 도쿄대학교에 초빙했다. 그는 헤르바르트의 제자 케른이 쓴 교육학 서적을 영어로 강의했고, 1889년에는 교육학과 특약생을 모집해서 헤르바르트 교육학을 가르쳤다. 1890년에는 문부성의 독일유학생 노지리 세이이치(野尻精一)가 귀국해 도쿄고등사범학교에서 헤르바르트 학설을 강의하기 시작했다. 그는 특히 신헤르바르트학파 라인(W. Rein)의 5단계 교수법을 널리 보급했다. 이후 메이지 20년대에는 헤르바르트와 그 제자들이 쓴 저서가 많이 번역되어 널리 보급되었다. 헤르바르트 교육학은 도덕적 품성의 함양을 교육의 궁극적 목적으로 삼았다. 당시 일본 정부는 유교적 덕목을 근대적으로 분식시킨 국민도덕을 국민에게 주입하려고 하였다. 그들에게 도덕성 함양을 중시한 헤르바르트 교육학은 매우 적절한 것처럼 인식되었다. 하지만 헤르바르트 교육학이 전반적으로 균형 있게 중시된 것은 아니었다. 실용적인 분야, 특히 교수법 부분만 잘라내어 과도하게 소개하였다. 헤르바르트 수용에 일본적 편향이 나타난 것이다. 헤르바르트 교육학 수용에 대해서는 藤原喜代藏,『明治・大正・昭和 教育思想學說人物史』第1卷, 東京: 東亞政經社, 1942, 649-664쪽; 尾形裕康 外, 신용국 역,『日本教育史』, 서울:교육출판사, 1994, 198-210쪽 참조 〈역주〉

8) 歐語 〈원문〉

9) 에시유게시욘 〈원문〉 에시유게시욘은 구주의 교육학이다. 〈원주〉 '에시유게시욘'은 'education'의 일본어 발음(エデュケーション)을 한글로 다시 옮기면서 이상하게 표기된 것이다. 〈역주〉

10) 導出 〈원문〉 도출은 이끌어 낸다는 뜻이다. 〈역주〉

11) 發達開暢 〈원문〉

전무결한 인물을 주조[12]한다는 뜻이다.[13]

교육의 목적

교육의 목적은 원만한 덕을 양성하는 데 있다.[14] 그러하니 의지[15]와

---

12) 鎔造 〈원문〉

13) 'education'의 어의를 통해 '교육'의 근대적 의미가 본격적으로 수용되고 있다. 'education'의 어원에는 '양육하다' '기르다'는 의미와 잠재 능력을 '이끌어 낸다'는 뜻이 내포되어 있다. 이 책에서는 이 두 가지 의미가 모두 수용되고 있다. 잠재능력을 이끌어 내며, 천품과 지덕을 발달 · 개발시킨다는 근대적인 교육 개념은 이 책에서 처음 소개되고 있다. '양육하다' '기르다'는 어의는 특정한 인간형으로 만들어 간다는 의미로서 '주조하다'는 의미로 수용되고 있다는 점에서 매우 흥미롭다. 교육을 통해 특정한 인간으로 만들어 갈 수 있다는 강한 자신감이 엿보인다.
1895년 4월에 출판된 유길준의 『서유견문』에서도 근대적인 교육 개념이 수용되고 있다. 그는 체계적이며 의도적인 활동으로서의 교육, 그리고 지적 · 도덕적 · 신체적 인격 형성과 계발로서의 교육 개념을 의식하고 있었다. 하지만 그의 교육 개념은 '국가 교육'이라는 맥락에서 제기되고 이해되었으며, 또한 근대적인 의미가 명료하게 체계화되지도 못하였다. 유길준이 『서유견문』에서 개진한 교육 개념의 의미와 의의에 대해서는 오성철, 「유길준의 교육 개념에 대한 연구」, 『한국교육사학』 제37권 제1호, 2015 참조. 〈역주〉

14) 이는 당시 덕육진흥정책을 추진하던 일본교육계 및 이를 뒷받침한 헤르바르트 교육학의 영향을 받고 있다. 1885년 초대 문부대신으로 임명된 모리 아리노리(森有禮)는 덕육 중심의 국가주의 교육정책을 추진하였고, 1890년 교육칙어에서는 충효를 교육의 연원이라고 천명하여 모든 학교에서 덕육을 가장 중시했다. 이와 함께 도덕성 함양을 교육 목적으로 설정한 헤르바르트 교육학도 일본에 급속히 확산되었다. 〈역주〉

15) 意思 〈원문〉 이하에서 '의사'는 '의지'와 같은 개념으로 쓰이고 있다. 이자와 슈지(伊澤修二)가 저술한 『교육학』(1882~1883)에서는 'will'을 '意' 또는 '意志'로 번역하고 있다. 〈역주〉

좋은 지식[16)]이 서로 조화를 이루도록 하는 것이 그 목적을 달성하는 방법이다. 그러므로 교육에 임하는 자는 오로지 학생들의 품성을 도야[17)]하는 데 유념하고, 그렇게 함으로써 궁극적인 목적을 완성할 수 있다. 이것을 바꾸어 말하면, 배우는 사람[18)]의 체구가 강한지 약한지, 신체가 큰지 작은지 등에 따라서 크고 작은 혹은 정밀하고 강한[19)] 의지와 좋은 지식을 발달하도록 하고, 또한 충과 효, 이 두 완전한 도가 이루어지도록 한다. 그리하여 신체가 건전하게 발육[20)]되게 할 수 있다.

교육의 범위

예로부터 오랫동안 교육이란 두 글자의 뜻을 풀이하는 것은 특별히 인간만을 대상으로 한 것은 아니다. 다른 동물과 식물을 가르치고 기르는 행위까지 (교육에) 포함하였다. 오늘날 그것을 다시 해석하여 오로지 인간의 교육만을 교육이라 부른다. 또 그 뜻을 확장해 논의하는 사람들은 태아에서 출생한 영아로부터 늙어 죽을 때까지

16) 意思 與 良智 〈원문〉
17) 陶鑄 〈원문〉
18) 修學者 〈원문〉
19) 巨細精粗 〈원문〉
20) 발육은 발달과 같은 의미이다. 이자와 슈지가 저술한 『교육학』(1882~1883)에서는 'physical development'를 '신체 발육'으로 번역하고 있다. 〈역주〉

를 포함시켜 시진교육[21]이라고 부른다. 또 정치, 법률, 위생의 학문을 열거하고 교육의 범위에 포함시켜서 이제는 정치교육, 법률교육, 위생교육 등의 목록이 생겨났다. 특히 교육학을 모르는 사람들이 주장하는 바는 이와 달리 그 범위가 매우 넓다.[22] 무릇 사람이 어려서 8년은 소학교에서, 나이 들어 8년은 대학교를 다녀 그 학업기간을 마치는데, 교육을 논의하는 서적에서는 이와 같이 학령기[23]의 교육을 표준으로 삼을 수 있다.[24]

교육의 효능

교육을 학문으로 삼는 것은[25] 지극히 넓고 아름다워 진실로 그 끝이 없으니, 이는 제반 학과를 관장하는 으뜸이 되는 까닭이다. 또한 인간 상호관계의 덕을 원만하게 하고, 기타 신기한 전신 기술, 신속한 기차의 편리함, 만물을 측정하는 산술, 아름답고 미묘하며 우아한[26] 기술, 밤낮으로 항상 사용하는 물질 등은 교육의 불가사의한 능력이 아니면 그 효능을 완전케 할 수 없다. 그러므로 하늘과

21) 始盡敎育 〈원문〉 오늘날 평생교육과 같은 개념이다. 〈역주〉
22) 廣漠 〈원문〉
23) 學齡年間 〈원문〉
24) 학령기의 교육을 교육범위의 표준으로 설정할 수 있다는 뜻이다. 〈역주〉
25) 敎育之爲學也 〈원문〉
26) 風雅 〈원문〉

땅 사이에 교육과 같이 위대한 것은 없다.[27)]

교육의 구별

교육을 구분하면 세 가지가 되는데, 즉 덕육, 지육, 체육[28)]이다. 여기에 다시 미육[29)]을 추가하여 사육[30)]이 존재한다는 학설이 있다. 또 종교교육이란 것이 있다. 이와 같은 소위 삼육은 마땅히 서로 함께 병행해야 하고 편향되어 어느 하나가 없어서는 안 된다. 그러나 그 가운데에는 중요함과 그렇지 않음, 급함과 그렇지 않음[31)]의 구별이 자연히 존재하므로 삼육을 동일한 것으로 볼 수 없다. 무릇 교

---

27) 교육의 힘에 대한 강한 믿음이 잘 나타나 있다. 이 부분은 당시 일본의 사회 분위기를 잘 반영한다. 메이지 시기 일본에선 교육을 통해 얼마든지 문명사회로 진입할 수 있다는 생각이 널리 퍼져 있었던 것 같다. 〈역주〉

28) 소위 삼육은 이 덕육, 지육, 체육을 지칭한다. 그리고 삼육 중 덕육을 항상 먼저 쓰고 있음에 주목할 필요가 있다. 1895년에 고종이 반포한 '교육에 관한 조칙'에서는 삼육을 덕양, 체양, 지양의 순서로 제시하였다. 따라서 개념 제시의 순서가 중요도의 차이를 보여 준다고 하면, 이 책은 고종의 교육조서를 직접 교육학적으로 뒷받침하기 위한 저작은 아닌 것으로 판단된다. '養' 대신 '育'을 쓰고 있다는 점에서도 양자는 다르다. 하지만 삼육의 개념과 실천 원리를 자세히 소개하고 있고, 고종의 교육조서가 반포된 지 몇 달이 지난 시점에 조선 정부가 이용하는 서점에서 발매되었다는 점을 감안하면 양자는 넓은 의미에서 관련되어 있다고 볼 수 있다. 〈역주〉

29) 美育 〈원문〉 1880~1890년대 일본의 일부 교육학서에서는 삼육에 미육을 추가해 사육을 제시하고 있다. 高嶺秀夫 譯, 『教育新論』, 1885~1886 및 和久正辰, 『教育學教授書』, 1894 등 참조. 〈역주〉

30) 四育 〈원문〉

31) 輕重緩急 〈원문〉

육의 주된 바는 덕육에 있다.[32] 왜냐하면 사람의 모든 행위에 오직 덕이 중요한 것이기 때문이다. 지능, 건강과 같은 것은 덕을 위해 도와주는 요소에 불과하다. 그러나 건강과 좋은 지식의 도움 또한 소홀히 할 수 없다. 건강이 있은 후에야 좋은 지식을 길러 얻을 수 있고 또 덕행을 이루어 얻을 수 있는 것이다. 그러므로 체육을 어찌 가벼이 여길 수 있겠는가? 사람의 신체를 허약하고 쇠약하게 내버려 두어 진작시킬 수 없으면 이것은 교육자가 깊이 우려할 바이다. 다만 체육의 방법은 자연적인 상태에 맡기더라도 효과를 볼 수 있다. 그렇지만 지덕교육만은 저자에 따라 원칙에 차이가 있으니 아래 장에서 이를 밝히고자 한다.

덕육의 목적

덕육의 주안점은 원만한 덕행을 강건하게 보전하고 그 뜻과 기운[33]을 활발하게 하는 데 있다. 발육 목적을 달성하는 방법과 같은 것은 뒷장에서 다루고, 먼저 덕육의 필요를 논의하고자 한다.

32) 앞에서 교육의 목적을 원만한 덕의 양성이라고 기술한 것과 일맥상통한다. 총론에서는 일관되게 덕육을 가장 중시하고 있다. 〈역주〉

33) 志氣 〈원문〉

덕육의 필요

무릇 사람이 살아감에 있어서 기운이 같은 사람이 서로 도우며 같은 부류의 사람이 서로 친하게 지내는 것으로, 사람은 홀로 고립해서 살 수 없다. 대개 인간의 본성은 그러한 것이다. 그러므로 아주 옛날 몽매한 세상에서도 서로 모여 살아 부락을 이루고 그 생존의 힘을 공고하게 하였으니, 이것이 그러한 본성을 보여 주는 증거이다. 네이션,[34] 즉 국가적 시대로부터 시작해서 오늘날 장차 세계적 시대[35]로 이행하고 있다. 그러므로 우리가 지금의 사회에 처하여 서로 협력하고 나누어 일하여서[36] 서로서로 의지하며 입술과 이빨과 같이 서로 돕고, 그 관계를 보호하여 서로 순응하며, 그 도덕을 세워서 서로 안전을 지켜야 한다. 이것이 원만한 덕을 함양하고 그 생활에 필요한 이유이다. 따라서 만약 이러한 교육이 없으면 우리는 다른 짐승이나 동물과 같아서 반드시 스스로 멸망하는 지경에 빠질 것이다.

34) 네시욘은 영어로 국가적 시대를 칭한다. 〈원주〉 원문의 '네시욘'은 영어 nation의 발음 표기로 보인다. 저자가 nation을 국가적 시대로 해석한 점은 과도한 것 같다. 〈역주〉

35) 世界的今日 〈원문〉 금일이 세계적 시대라는 뜻이다. 〈역주〉

36) 協力分勞 〈원문〉

지육의 목적

지육의 목적은 두 가지이다. 하나는 발달하게 하는 것이요, 다른 하나는 강건하게 하는 것이다. 그리고 두 가지 목적을 달성할 수 있는 시기를 보면, 오로지 아동에서 시작해서 성년에 이르는 기간은 개달적 교육[37]을 시행할 좋은 시기이다. 강건법[38]과 같은 것은 성년 이후가 시행하기 좋은 시기이다. 그렇지만 발달의 길과 강건의 시기가[39] 단지 영아 시기에 시작되지 않게 해서 성년 이후에 발달하게 할 수 있다. 따라서 전술한 것과 같은 것은 그 일반적인 규정을 보인 것뿐이다. 지육의 요지에 대해서는 교수법 부분에 남겨 두어 다음에 자세히 밝히고자 한다.

지육의 필요

지육의 발달은 신묘하고 무궁하니 참으로 불가사의한 것이라 할 수 있다. 이것은 하나의 전선으로 천만리 떨어진 전신기와 연락할 수 있게 하고 천만 근의 기차와 기선을 움직이게 한다. 특히 실업적 · 심미적 · 철학적 · 이학적 측면에서 불가사의한 공적을 나타내

37) 開達的 教育〈원문〉 오늘날 '개발적 교육'이라는 뜻과 비슷하다. 〈역주〉
38) 强健法 〈원문〉 아동을 강건하게 하는 방법 혹은 원리를 말한다. 〈역주〉
39) 發達之道와 强健之期 〈원문〉

고 있기 때문에, 이것은 우리가 시급히 알아야 하는 것이다. 나아가 교육의 큰 근본[40]과 원만한 덕행과 같은 것은 선택과 판단 등의 지력을 갖춘 다음에야 비로소 활용할 수 있다.[41] 그러므로 지육이 필요하다는 것은 두말할 필요가 없다. 혹 세상에는 이것을 피상적으로 관찰한 사람이 지육의 심오한 뜻에 이르지 못하고 헛되이 일의 공적을 이룰 수단[42]으로 여기니 이는 실로 슬픈 일이다. 그 폐단은 결국 지육을 가벼이 여기고 지체하여 부진에 빠지는 것이니 어찌 애석하지 않겠는가.

체육의 목적

체육의 목적은 지육과 덕육, 이 두 가지 목적과 동일한 궤적을 그리는 것으로 모두 체구를 발육하고 강건하게 하는 데 있다. 신체의 발달 시기는 반드시 모든 사람이 아동으로부터 20세[43] 내외에 이

40) 敎育之大本 〈원문〉

41) 앞서 '교육의 구별'에서 인간 행위 가운데 덕이 가장 중요하고 지능은 이를 도와주는 요소에 불과하다고 했는데, 여기서는 지력의 중요성을 상대적으로 더 강조하고 있다. 지력을 갖춘 다음에야 덕행이 활용될 수 있다는 것은 지와 덕은 서로 중요도에 차이가 있는 것이 아니라 단지 총체적인 인간 행위를 구성하는 불가분의 요소임을 드러내고 있는 것이다. 〈역주〉

42) 遂事功之具 〈원문〉 일부 사람이 지육의 깊은 뜻을 이해하지 못하고 성공의 수단으로만 여기고 있다는 점을 비판하고 있다. 근대교육이 형성되는 초기부터 교육을 수단시하는 사회 풍조가 나타나고 있었음을 보여 준다. 이런 현상은 이후 개선되지 않고 오히려 더욱 강화되어 왔다. 〈역주〉

43) 弱冠 〈원문〉

르기까지 진행되다가 그치게 된다. 그러므로 이러한 시기를 소홀히 하지 않고 마땅히 아동에게 맛있고 좋은 음식을 먹이고 사지를 운동하게 해서 발육을 이루게 해야 한다. 체구를 강건케 하는 시기는 비록 성년 이후에 존재하나, 이것 역시 유년에서 시작해서 노인[44] 시기까지 이루어진다는 점을 불가불 유의하지 않으면 안 된다.[45] 자세한 설명은 원래 생리위생학 등의 범주에 속하는 것이기에 체육론 부분에서 다루고자 한다.

---

44) 老耋 〈원문〉

45) 不可不用意也 〈원문〉

제3장
지육론

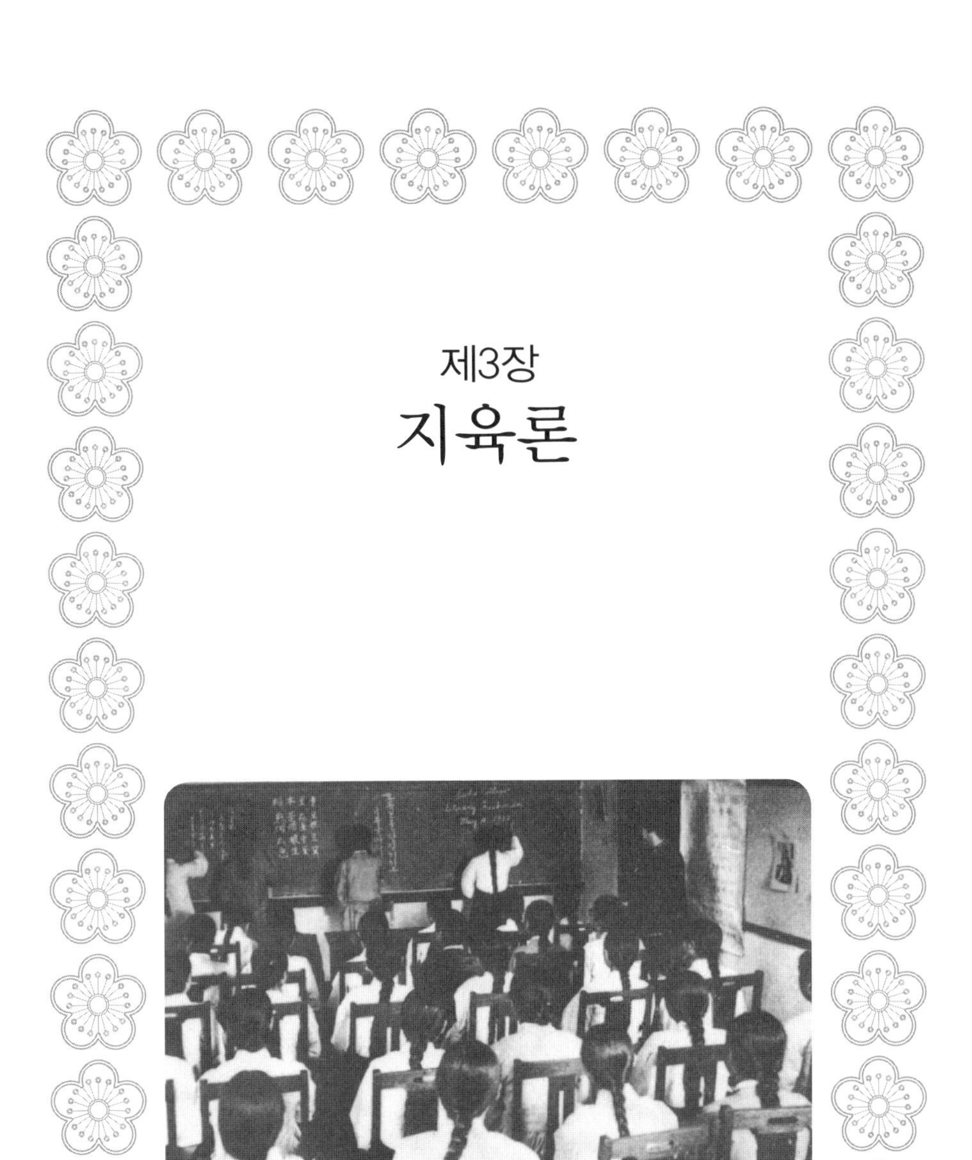

[이화학당 수업 장면]

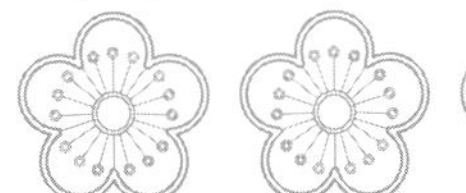

지육이 무엇인지를 알고자 한다면 먼저 심리학의 대요[1]를 밝히는 것이 필요하다. 그러므로 이제 심리학의 대요를 서술하고자 한다.[2]

물질과 마음의 구별[3]

무릇 우주 간에 생존하는 것이 천만 가지 상태이니 거의 그 수를 헤아리기 힘들다. 그렇지만 물질을 부르는 이름이 모두 있다. 인간의 신체도 예외가 아니어서 천지 사이에 존재하는 하나의 물질이다. 그러므로 만물의 이치를 능히 아는 것을 이름하여 마음[4]이라 부른다. 이로써 우주에 현존하는 것을 취하여 마음과 물질 두 가지로

1) 大要 〈원문〉 대략적인 내용이나 줄거리를 말한다. 〈역주〉

2) 지육과 덕육을 심리학적 측면에서 상세히 서술하는 경향은 1880년대 일본 교육학계의 일반적인 특징이다. 이를 보여 주는 대표적인 교육학서는 미국에서 유학한 이자와 슈지(伊澤修二, 1851～1917)가 저술한『교육학』이다. 이 책은 일본에서 '교육학'이라는 명칭을 단 최초의 책으로서 1882년부터 1889년까지 지속적으로 출판되어 일본 교육학 형성에 큰 영향을 미쳤다. 이 책의 체계는『신찬교육학』과 거의 동일하여 총론-지육-덕육-체육으로 이어지는 체계를 갖추고 있다. 또한 이자와가 서문에서 직접 밝히고 있듯이 이 책은 '심리학'과 '교육학'에 기초하여 교육의 이치를 설명하고 있다. 이는 그가 미국 매사추세츠 주 브리지워터 사범학교에 유학할 때 배운 심리학과 교육학을 바탕으로 한 것이다. 지육에서는 직각력, 표현력, 재현력, 성찰력과 관련된 심리적 요인 및 그 양성 방법을, 그리고 덕육에서는 정서(emotions), 정관(affections), 욕(desires), 의지, 습관 및 그 양성 방법을 서술하고 있다.『교육학』의 전체 목차는 부록 참조. 〈역주〉

3) 물질은 物, 마음은 心을 번역한 것이다. 책 목차에는 '마음과 물질의 구별'로 표기되었다. 〈역주〉

4) 心 〈원문〉

나누고 마음을 자아[5)]라고 부른다. 그러나 외계에 있는 것을 아름답다거나 높다고 일컫는 마음은 마음이라고 부르지 않는다. 심리학상으로 마음이란 것은 데카르트 씨[6)]에게 있어서 소위 “나는 생각한다. 그러므로 나는 존재한다.”[7)]는 것을 안다는 말에서 볼 수 있다. 이것은 즉 오성[8)]이다. 오성이 현존하고 있다는 것을 아는 것은 바로 마음[9)]이기에 이것 역시 자아라고 칭한다.[10)] 어떤 사람이 마음의 형상이 네모난 것인지 동그란 것인지, 또 마음의 면적이 넓은 것인지 좁은 것인지를 묻는다면, 비록 대답은 할 수 없을지라도 기존에 인정된 여러 가지 심상[11)]이 외계에 나타나고 있기에 마땅히 심체[12)] 또한 현존한다는 것을 인정하게 된다. 즉, 심체는 거울과 같고, 심상은 거울에 비친 형상이다. 이에 심체 현상적인 측면에서 연구하는 것을 징험심리학[13)]이라고 부르는데, 이것은 곧 교육자가 배우는 학문이다. 심의[14)]와 본체의 원인과 관계를 탐구하여 본체

---

5) 我 〈원문〉

6) 데가루도 씨는 프랑스의 현인이다. 〈원주〉 프랑스의 철학자 R. Descartes를 말한다. 〈역주〉

7) 所在 〈원문〉

8) 吾心 〈원문〉 원래 어의는 ‘내 마음’이란 뜻이나 오성(悟性)으로 번역하는 것이 문맥상 적절하다. 〈역주〉

9) 이성을 의미한다. 데카르트는 이성은 모든 인간이 태어날 때부터 갖고 있는 것으로서 ‘양식(良識)’ 혹은 ‘자연의 빛’이라는 말로 표현하였다. 이성은 어둠을 비추는 밝은 빛으로 표상되곤 하였다. 〈역주〉

10) 저자가 말하는 자아는 결국 오성과 이성으로 이루어진 것이다. 〈역주〉

11) 心象 〈원문〉

12) 心體 〈원문〉

13) 徵驗心理學 〈원문〉 오늘날 실험심리학을 지칭하는 것 같다. 〈역주〉

14) 心意 〈원문〉 다양한 심리적 작용과 요인을 표현한 용어이다. 저자는 심의를 크

로부터 심의로 나아가면서 연구하는 것을 순성심리학[15]이라고 부른다. 철학이란 더욱 심원한 학문에 속하는데, 철학상으로 말하자면 유심, 유물에 해당한다. 마음과 물질 두 가지가 존재하여 신묘하고 불가사의한 지경에 이르게 되니 철학은 실로 심오하고 헤아리기 힘든 학문이다.

마음의 소재지

인체 가운데 마음은 도대체 어디에 현존하는가? 과연 몸 전체에 존재한다면, 손과 발을 잘라도 마음의 일부를 잃지 않는 것은 어떤 이치에 기인하는가? 갑자기 손과 발을 절단하면 마음도 통증을 느끼게 된다. 이것으로 미루어 보건대 마음은 몸 전체 어디에나 존재하는 것은 아니다. 마음이란 비록 전신에 존재하는 것은 아니지만, 존재하는 부위가 있어서 오직 뇌수와 척수[16]에 존재한다. 소위 신경이란 것은 마음이 전달되는 것을 관장한다. 뇌수와 척수는 마치 전신국과 같은 것이고, 신체 각 부위의 신경마디는 대부분 그 지국과 같은 것이다. 그러므로 신경을 전신선에 비유하면 설명이 명료할 것이다.[17]

게 지와 정과 의로 구분하고 있다. 이하 논의 참조. 〈역주〉

15) 純性心理學 〈원문〉

16) 腦髓 脊髓 〈원문〉

17) 여기엔 생리학의 영향이 드러나고 있다. 마음의 소재지를 뇌수라고 보고 신경마디, 신경 등에 의해 전달된다는 주장은 생리학적 측면에서 마음을 이해한 것

몸과 마음의 관계

심의와 신체는 서로 밀접한 관계를 맺고 있다. 사람들에게 감정이 생기면 얼굴색이 변하는 것을 알 수 있다. 마땅히 희로애락의 감정이 마음속에 생기면 자연스럽게 안색이 변하게 되고 사지를 움직이거나 춤추거나 미쳐 날뛰게 되는데, 이것이 그 관계를 보여 주는 예이다. 뇌를 다친 환자는 곧 기억력이 감퇴하고 지나치게 배부른 자는 태만해져 활동할 뜻을 상실한다. 그밖에 공복과 피로, 수면 부족, 질병 등은 곧바로 심의에 큰 영향을 미친다. 그리고 맛있는 것을 생각하면 침이 분비되고, 극렬한 전쟁을 상상하면 몸이 스스로 전율하며, 슬프고 애통한 일을 생각하면 저절로 눈물이 흘러내린다. 큰 병에 걸린 병자가 기도에 몰입하여 먼저 마음이 평안해지면 조금 치유가 되는 것으로 느끼는데, 이와 같은 것은 몸과 마음이 서로 관련이 있기 때문이다. 심리학상 순서를 말하자면, 첫째는 심의생리론[18]이요, 둘째는 분해론[19] 그리고 셋째는 심의발육론이다. 첫 번째 소위 심의생리론이란 신체 생리와 직접 관계가 있다. 그러므로 이것은 체육 항목으로 미루어 함께 설명할 것이다. 그리고 두 번째 분해론과 세 번째 발육론은 장차 교육에 응용해야 할 것들이다.

이다. 이 책의 체육론에서도 생리학의 영향이 잘 드러나 있다. 〈역주〉

18) 心意生理論 〈원문〉

19) 分解論 〈원문〉

지 · 정 · 의[20]의 분별 및 관계

심의를 두 가지로 나누어 해석하는 설이 있다. 하지만 세 가지로 나누어 해석하는 것이 일반적이니 곧 지와 정과 의이다. 이 세 가지는 서로 관련되어 있어 구분하는 것은 불가능하다. 어찌 각각 고립적으로 활동할 수 있겠는가. 예를 들어, 책상 위에 있는 책을 가리켜 '이것은 책이다'라고 말하며, '이 나라는 미개한 나라다'라고 하면 생도가 독본을 배울 때에 이와 같은 지각[21]이 발생하는데, 이것을 곧 지라고 한다. 이 책은 유익하고, 이 나라는 미개하니 개명을 향해 나아가게 한다면, 이것을 독본에서 배운 생도는 그것을 활발히 좋아할 수 있다. 이와 같은 감정이 마음 가운데서 일어나 힘껏 활동하게 되는 것을 이름하여 정이라 부른다. 이 책이 유익한 책이라고 해서 항상 구입하고자 하며, 이 나라는 미개한 나라라고 해서 항상 개명시키고자 한다면, 이것은 활발한 생도가 되게 하는 것이다. 그러므로 (교사는 생도들을) 길러 내는 것을 사랑하려고 할 것이다.[22] 이것은 의지[23]의 활동에 속한다. 하지만 실로 정 가운데 지를 포함하고, 의 가운데 정과 지가 있으며, 지 가운데 정과 의가 있는 것이

20) 智情意 〈원문〉

21) 知覺 〈원문〉

22) 欲愛育 〈원문〉 학생들이 좋은 책을 스스로 구입하려고 하고 미개한 나라를 개명시키려고 하는 것은 교사가 학생들을 활발한 학생으로 교육한 결과이다. 그래서 교사는 교육을 사랑하는 마음이 생긴다는 뜻이다. 〈역주〉

23) 意思 〈원문〉 의지와 같은 뜻으로 쓰였다. 〈역주〉

다. 비록 앞 절에서 서술한 바와 같으나, 세 가지는 서로 관계를 맺고 있어 서로 분리하기 어려우며 또한 서로 수용하기 힘든 점을 가지고 있다. 비애의 정이 극에 달하면 지력을 상실하며, 의의 결행이 지나치면 정을 돌아볼 겨를이 없다. 특히 장년이 되어 의기[24]가 발달하고 강성해지면 지와 정이 부족해짐과 같다. 그래서 모든 일에서 오류에 빠지는 것을 피할 수 없다. 또한 노파가 되어 감정이 아주 많아지면 지와 정이 결핍되어 쉽게 비탄에 치우치게 된다. 소위 세상의 재인과 지략가라는 사람들 중에는 거의 정이 없고 의가 없으며 도리가[25] 없는 자가 있다. 그러므로 교육자는 반드시 이와 같은 폐단을 제거해야만 지 · 정 · 의 세 가지가 서로 조화를 이루어 완미한 지경에 이를 수 있다.

내적 감각과 외물의 심의[26] 구별

오관[27]을 매개로 해서 외물에 직접 접하지 않고 발현되어 작용하는 것을 심의라고 말한다. 심의가 서로 작용하여[28] 오관의 매개를 거치

24) 意氣 〈원문〉
25) 理 〈원문〉
26) 內感外物之心意 〈원문〉
27) 五官 〈원문〉 오감을 맡는 기관(器官)을 뜻한다. 〈역주〉
28) 心意顧心意 〈원문〉 '심의가 심의를 돌본다'는 것은 심의끼리 서로 작용한다는 뜻이다. 〈역주〉

지 않고 오직 내부에서 발현되어 작용하는 것을 의식[29]이라고 칭하며, 각종 심의들이 서로 동시에 발육하는 것은 곧 심의의 작용이다. (의식이) 외면을 향해 활동하는 것을 일컬어 주의[30]라고 한다. 그리고 의식이 내부에서 확고히 발현하는 것을 회상 및 반성[31]이라고 한다. 의식을 교육하는 특별한 방법이 있는 것은 아니다. 하지만 심의를 받아들이고 여러 능력을 교육하는 경우에 의식 또한 교육될 수 있다.

지력[32]의 조목

지력은 일곱 가지로 구분된다. 즉, 감각, 지각, 기억, 상상, 개념, 단정[33], 추리 등이다. 주의력과 같은 것은 비록 의지[34]에 속하지만 심의 일체와 확고히 관련이 있기 때문에 설명하는 것이 필요하다. 그러므로 먼저 이를 설명하고자 한다.

29) 意識 〈원문〉
30) 注意 〈원문〉
31) 反省 〈원문〉
32) 智力 〈원문〉
33) 斷定 〈원문〉 '판단'과 동일한 개념이다. 〈역주〉
34) 意思 〈원문〉 의지와 같은 뜻으로 쓰였다. 〈역주〉

주의력의 정의

주의력은 그것 자체로 심의를 일컫는 것으로 그 목적에 의식을 주목해서 집중하고 모으는 힘[35]을 기르도록 하는 것이다. 주의력은 무의 주의와 유의 주의[36]라는 두 가지로 구분할 수 있다. 무의 주의력은 다른 말로 반사주의력[37]이라고 하는데, 자기 의사와는 상관없이 외부의 자극으로 인해 자연히 주의하게 되는 것이다. 가령, 아무 생각 없이 밥을 먹고 있을 때 갑자기 종과 북 소리를 듣는 경우에 그 소리를 분별하는 것이 반사주의력이다. 유치원에 다니는 아동과 심상소학교 1~2학년 아동은 대부분 무의 주의로부터 점차 유의 주의로 변화해 간다. 유의 주의는 비록 외부로부터 작용하는 요인은 없으나 자기 의사에 따라서 제반 사물에 특별히 주의하는 것이다. 이와 같은 주의력은 아동이 7~8세 전후에 이르러 점차 나타난다. 그러므로 소학교 아동은 이러한 반사주의력을 지닌 채[38] 교육을 받는 경우가 가장 많다.

---

35) 凝聚之力 〈원문〉

36) 無意注意 有意注意 〈원문〉 무의식적 주의, 의식적 주의를 뜻한다. 〈역주〉

37) 反射注意力 〈원문〉

38) 自此反射注意力 〈원문〉 '반사주의력으로부터 교육을 받는다'는 말은 아직은 반사주의력을 많이 지닌 채 교육을 받는다는 의미이다. 〈역주〉

아동의 주의력

학과상의 발견과 기술상의 발명은 대부분 주의력과 힘든 배움의 결과에 불과하다. 붓후온 씨[39)]가 말하기를, 지[40)]는 항구적인 인내의 과정이라고 하였다. 그러므로 주의력이란 정신이 건강할 때에 작동함으로써 지력의 기초가 되며, 또한 지력의 여러 형태가 완전하게 되고, 그에 따라 의지도 또한 생겨난다. (즉, 의지는) 소위 자기 관념이라는 것이 발달한 이후에 비로소 생겨나기 시작하는 것이다.

아동이 학령에 이르면 수의적 주의력[41)]이 발생한다. 그러므로 아동에게 그 정도를 적당하게 하여 흥미를 불러일으켜서 간단한 사물[42)]을 접하게 할 수 있으면, 부지불식간에 자연스레 실제에 주의하게 된다. 혹시 아동이 정신이 쇠약하고 그 행위가 경박하여 학과에 흥미를 느끼지 못하면 주의력을 얻을 수 없기 때문에, 설령 교육을 하더라도 확실히 그 효과를 거둘 수 없다. 그러므로 교사가 되고자 하는 사람은 모름지기 아동이 체육에 힘쓰게 해서 그 정신을 쾌활하고 정숙하게 해야 한다. 또한 교수를 할 때는 많은 흥미를 첨가하고, 교육과정[43)]을 정하여 명료한 사고를 기르며, 교육과정을 살펴

---

39) 붓후온 씨는 출신국을 알 수 없다. 〈원주〉
40) 智 〈원문〉 지식(智識) 혹은 지력, 즉 앎의 작용을 의미한다. 〈역주〉
41) 隨意的 注意力 〈원문〉 전술한 유의 주의를 다른 말로 표현한 것으로 보인다. 〈역주〉
42) 平易之事物 〈원문〉
43) 課程 〈원문〉 교육과정(教育課程)을 의미한다. 〈역주〉

서 듣고 보는 습관을 들이도록 해야 한다.[44]그러면 아동은 유사한 주의[45] 상태에서 점차 진정한 주의 상태로 진입하게 될 것이다.

감각의 정의

감각력이란 마음을 신경 외부의 제일 끝 부분에서 구하고, 그렇게 해서 받아들인 요인들이[46] 감각 중추에 도달하고, 이에 따라 단순한 심의 현상이 일어나 지력의 문으로 들어가게 되는 것이다. 지금 감각하는 바의 순서와 감수성의 기능[47]을 요약해 제시할 수는 있으나, 생리적 · 해부학적 사실에 대해서는 독자가 대부분 알고 있을 것이다. 그래서 여기서는 (자세히) 설명하지 않는다. 교육의 큰 목적이 여기에 있지 않기 때문이다. 특별히 지식의 획득에 관한 것이라면, 감각 교육보다 더 중요한 것이 없다. 루소[48]는 "아동은 성인에 비해 비록 키는 작고 힘은 약하며 사려심이 부족하지만 보고 듣는 것은 거의 성인과 같다. 그러므로 이처럼 중요한 감각기관을 무시하며 교육을 베풀지 않는 것은 과연 어떤 뜻인지 알 수가 없

44) 사고력을 키우고 주의하는 습관을 기를 수 있도록 교육과정을 구성 · 운영해야 한다는 뜻이다. 〈역주〉

45) 假似之注意 〈원문〉

46) 激因 〈원문〉

47) 器能 〈원문〉 감각기관의 능력을 의미한다. 〈역주〉

48) 루우쇼 〈원문〉 루우쇼 씨는 프랑스의 현인이다. 〈원주〉 프랑스 사상가 J. J. Rousseau를 말한다. 〈역주〉

다."고 말하였다. 어린아이[49]는 오감이 예민하여 소란스럽게 행동한다. 그래서 페스탈로치 씨와 프뢰벨 씨[50]는 몸소 아동의 교육을 자임하여 여섯 가지 은물[51]을 창제하니, 일찍부터 세상 사람들이 알 수 있게 되었다. 페스탈로치 씨는 특히 실물교육[52]에 전념해서 그 격언을 마련했는데, 이것이 초등 교수의 원칙이 되었다.[53]

후각과 미각

후각과 미각의 발육[54]은 매우 느리고 완만하다. 하지만 미각의 발육은 비교적 빠르다. 두 감각이 모두 오감 중 낮은 위치에 속해서 대개 지력의 발육과 무관한 것처럼 보인다. 그렇지만 그것은 오직 신체 활동[55]과 소화 작용을 도움으로써 위험을 피하도록 하기 때문에 사람들에게 음식의 맛을 가르치는 것은 곧 고락의 근본이라

49) 小兒 〈원문〉 이하 '소아'는 모두 어린아이로 번역하였다. 〈역주〉

50) 베수다로지 후레베루 〈원문〉 베수다로지 씨와 후레베루 씨는 모두 독일의 현인이다. 〈원주〉 페스탈로치는 스위스의 교육자이므로 원주는 잘못이다. 〈역주〉

51) 恩物 〈원문〉 프뢰벨(F. Fröbel)이 고안한 여섯 가지 교구이다. 보고 만지고 느끼면서 배울 수 있게 단계적으로 고안된 도구들이다. 페스탈로치와 프뢰벨이 창안했다는 본문의 서술은 잘못된 것이다. 〈역주〉

52) 實物教育 〈원문〉

53) 비록 간단하지만 루소, 페스탈로치, 프뢰벨로 이어지며 구체화된 서구의 실물교육 혹은 직관교육이 우리나라에 최초로 소개되고 있다. 세 사람이 직접 언급되며 소개된 것도 우리나라 서구교육학 수용사에 있어서 최초이다. 〈역주〉

54) 發育 〈원문〉 오늘날 '발달'과 같은 말이다. 〈역주〉

55) 身體之生活 〈원문〉 '신체의 생활'로 번역하면 좀 어색하다. '생활'을 활동으로 번역하였다. 〈역주〉

할 만하다. 그럼에도 불구하고 화학자가 향기를 맡는 일을 하는 것과 식도락가[56]가 좋은 맛을 식별하고 연구하는 일을 또한 동일하게 취급할 일은 아니다.

청각의 의의

청각이란 소리를 알고 이해하는 것만은 아니다. 독서 과목과 음악 과목을 교수할 때에 청각이 매개가 되기 때문에 마땅히 좋은 소리에 의지해서 아동을 발육시켜야 한다. 이것은 생리적 교양[57]에 속하는 것이며 게을리할 수 있는 일이 아니다. 이 청각 기관은 발육이 가장 빠르게 이루어지기 때문에 태어난 지 36일이면 갓난아이[58]는 엄마의 소리를 듣고 느낄 수 있다. 그래서 구이구네 씨[59]는 "그러하므로 발육하고 교육하는 방법을 어떻게 해야 좋겠는가?"라고 말하였다. 그것은 오직 청각을 잘 사용하고 연습하는 데 있기 때문에 항상 시끄럽고 떠들썩한 소리[60]와 여러 음향으로부터 단절되지 않도록 해야 한다.

56) 好味家 〈원문〉
57) 敎養 〈원문〉
58) 孩兒 〈원문〉 영아(嬰兒)의 의미이다. 〈역주〉
59) 구이구네 씨도 역시 독일 사람이다. 〈원주〉
60) 喧噪 〈원문〉

촉각의 의의

촉각이란 비록 온몸에 있는 기관이지만 그중에서도 입술과 혀끝, 손가락 끝과 같은 곳이 특히 예민하다. 보통 촉각의 발달은 갓난아이 시기에 시작되는 것으로 갓난아이도 유모[61]가 자신을 품에 안고 있음을 충분히 알 수 있다. 유아의 촉감은 원래 피동적인 것에 속한다. 그러므로 손과 손가락을 사용하는 것이 성인[62]이 사용하는 것처럼 자유롭지 못하다. 그렇지만 미리 여러 감각이 발달하도록 힘껏 도와주어야 자연적인 발달에 해롭지 않다. 대개 손가락 끝을 예민하게 단련하는 일은 동양인의 특질이 서구인에 미칠 수 없는 바이다.[63]

시각의 의의와 발육법

레구소헤 씨[64]는 "아동의 몸 전체가 모두 눈이다."라고 말했다. 하지만 많은 생각[65]의 방해를 받지 않고, 그리고 열심히 정밀하게

61) 乳媼 〈원문〉 젖을 먹이는 노파를 말한다. 〈역주〉
62) 大人 〈원문〉
63) 서구인은 동양인에 비해 손가락 끝을 자주 단련해서 동양인과는 다른 특질을 갖게 되었다는 의미이다. 동양인에 대한 편견이 드러나 있다. 〈역주〉
64) 레구소헤 씨는 출생국을 알 수 없다. 〈원주〉
65) 思想 〈원문〉

외부의 천태만상을 빠짐없이 보게 되는 것은 오직 아동이 3~4세에서 5~6세에 이르는 시기이다. 갓난아이 때는 촛불도 보는 것을 싫어하여 거의 맹인과 같다. 그러다가 점차 사물을 보게 되어 외부의 사물이 크고 작음과 튀어나오고 들어감이 없이 모두 동일하다고만 생각한다.

어린아이[66]의 시각 기관은 특히 손발과 함께 서로 발달하기 때문에 자연의 교육을 방해해서는 안 된다.[67] 또한 과도한 자극을 피하게 해서 위생교육을 게을리해서도 안 된다.[68] 원래 눈이란 지식의 창이기 때문에 다섯 감각기관 중에서 특히 필요한 기관이다. 다른 감각기관은 한계가 있으나, 유독 눈만은 무한히 먼 거리를 볼 수 있어서 다른 감각기관과 구분된다. 이 때문에 그 교육방법 또한 여러 종류가 있다. 양성법[69]과 주거 확대 및 광선채취법[70]을 완전하게 활용해야 한다. 도성의 협소한 곳에 거주하는 사람은 근시안자가 많다. 그리고 최근에 학생들은 학교에서 작은 글씨의 책을 보다가 햇빛에 반사된 칠판 면을 대하고 주시하며, 혹은 희게 칠한 벽을 대하거나 서양 전등의 반짝이는 불빛을 대하게 된다. 이러한 것들 중에는 교육을 방해하는 것이 적지 않다. 그러므로 과정을 정해서 (제대로)

66) 小兒 〈원문〉

67) 不可妨自然之教育 〈원문〉 원문에서 '자연의 교육을 방해할 수 없다'는 것은 자연스럽게 발달하는 것을 방해해서는 안 된다는 의미이다. 〈역주〉

68) 아이에게 과도한 자극을 주는 것을 피하도록 하는 위생교육을 실시해야 한다는 뜻이다. 〈역주〉

69) 養而成之之法 〈원문〉 시각을 길러서 완성되게 하는 방법을 말한다. 〈역주〉

70) 住居擴大而採聚光線之法 〈원문〉

교육을 하려고 한다면, 먼저 색의 짙음과 옅음, 종류와 형상의 크고 작음, 멀고 가까움 등을 고려하여 허망한 것과 실제 보이는 것을 대조할 수 있게 하고, 나아가 복현적 교육[71]에 이르게 해야 한다. 이와 같이 해서 주의력[72] 등을 양성하는 것이 특히 시각기관 교육[73]에서 가장 중요한 요건이다.

관찰적 교육, 즉 실물교육의 의의[74]

아동이 지력[75]을 행사하려고 하지만 그렇게 하지 못하는 이유는 다름이 아니라 대개 아무런 의미 없이 관찰력을 활용하고 또한 단지 호기심에서만 관찰하기 때문이다. 아동의 관찰은 원래 매우 예

71) 複現的 教育 〈원문〉 색과 모양, 거리, 크기 등에서 두 가지 성질을 보여 주며 주의력 등을 기르는 시각교육을 지칭한다. 〈역주〉

72) 注意 〈원문〉

73) 視官教育 〈원문〉

74) 엄밀히 따지면 관찰교육과 실물교육은 다른 개념이다. '관찰'이 실물교육의 중요한 수단이지만 전부는 아니다. 실물교육은 실제 사물을 사용하여 직접적 감각경험을 중시하는 교육방법이다. 일찍이 코메니우스는 감각적 실학주의의 입장에서 직관교수를 중시하였다. 이후 이 개념을 구체화하여 교육방법의 근본적인 원리로 설정한 사람은 페스탈로치이다. 그는 학생들이 수(數), 형(形), 어(語)에 대해 경험함으로써 개념을 형성하고 지식을 획득할 수 있다고 보았다. 그의 직관교수법은 미국에서 실제 교수를 위해 구체화된 '실물교육'으로 발전하였다(김정환, 앞의 책, 253-257쪽; 김성학, 앞의 책, 58쪽 참조). 〈역주〉

75) 智力 〈원문〉

민하다. 그러므로 스펜서 씨[76]는 교육의 효과[77]는 오로지 이러한 관찰로부터 시작해서 이루어진다고 하였다. 이제 철학을 관찰 과목[78]과 조금도 관련이 없는 것처럼 생각하고서 곧바로 아동에게 철학을 가르치려고 한다면, 이것 역시 큰 오류라고 할 수 있다. 그런데 과학에서의 발견은 모두 이러한 관찰교육에서 비롯된 것이다. 그러므로 초등교육에서 실업적으로 박물학과 이화학 분야에 응용하면 그 가치가 적지 않다. 옛날부터 교육가들은 관찰교육을 언급하지 않고 간과하여 논의가 필요하다는 점을 깨닫지 못했고, (관찰교육은) 논의 범위 밖에 있었다. 그래서 오늘날에도 이를 배격하는 사람들이 매우 많다. 만약 이러한 관찰 연습이 완전하게 이루어지지 못하면 지력이 혼란스럽게 되어 영험한 지력의 본원을 상실하게 되며 오묘한 이상[79]을 연구할 수 없게 된다. 그러므로 마땅히 아동에게 적당히 관찰 연습을 시켜서 모름지기 10세가 되면 도로의 거리를 잘 판단하고 사물의 본성과 형체를 헤아리고 이해하도록 해야 한다.

76) 수벤사 〈원문〉 누벤사 씨는 영국의 철학자이다. 〈원주〉 누벤사는 수벤사의 오기이다. H. Spencer를 가리킨다. 〈역주〉

77) 成効 〈원문〉

78) 觀察之科 〈원문〉

79) 理想 〈원문〉

지각력의 정의

지각력이란 모든 감각을 취합하여 그것을 공간에 존재하게 하는 것 혹은 사물에 돌려보내는 것을 말한다. 즉, 소위 사물의 자질을 알고 파악하는 것으로서 심의의 작용이다. 하지만 감각과 지각, 이 두 가지는 서로 분리하기 어려운 것으로 감각이 들어오면 지각도 그것에 따라서 응하게 된다. 이곳에 어떤 사람이 있어 처음으로 어떤 물체의 소리를 들었을 때 비록 그 소리[80]를 분별하지만, 그것이 종소리인지 북소리인지 돌쇠뇌[81] 소리인지를 알지 못하면 이것은 곧 감각이다. 그 소리가 종소리인지 북소리인지 돌쇠뇌 소리인지를 잘 알면 이것은 곧 지각에 속한다. 그러므로 감각력이 높으면 이에 따라서 지각력 또한 높아지는데, 이는 정해진 이치이다. 그래서 교육을 실시할 때에 감각력과 지각력을 분리해서 가르치면[82] 그 효과를 보지 못한다는 것이 확실하다. 감각과 지각 두 가지를 가르치는 교육을 표현적 교육[83]이라 부르는데, 실물교수론자들이 열심히 설명하는 바이다. 대개 이러한 표현적 교육은 곧 관찰법 안에 존재한다.

80) 聲音 〈원문〉

81) 礮 〈원문〉 돌쇠뇌는 여러 개의 화살이나 돌을 연속해서 쏘는 큰 활이다. 〈역주〉

82) 教養 〈원문〉 정확히는 가르쳐 기른다는 의미이다. 〈역주〉

83) 表現的教育 〈원문〉

기억력의 정의

기억력이란 시간이 경과한 후에 처음에 지각한 순서에 따라 그 지각 지식[84]이 다시 일어나기를 기다리지 않고 그것을 다시 나타나게 하는 작용을 말한다. 무릇 사물에 대한 인간의 감각과 지각은 뇌리에 머무르지 않으면 곧 잊어버려서 지각으로 성립될 수 없다. 하지만 이미 지나간 일을 다시 나타나게 할 수 있는 것은 바로 기억력의 효능이니 이것은 실제로 반드시 필요한 것이다. 기쇼 씨[85]는 "앎의 능력이 가장 귀중한 것이지만 기억하지 못하면 아무 쓸데가 없다."고 말하였다. 그리고 시아도부리겐 씨[86]는 "비록 매우 사랑하며 간절한 심정이 있을지라도 만약 기억하지 못하면 무슨 공이 있겠는가?"라고 말하였다. 그렇게 다시 나타나게 하는 작용[87]을 파주성[88]이라 부른다. 그런데 그것이 파주되기 전에 각종 사정에 대한 인상이 생기고 서로 연합한다. 이처럼 수많은 종류의 연합 순서를 일컬어 연합률[89]이라고 부른다. 연합률에는 세 가지 종류가 있는데, 유

---

84) 知覺識 〈원문〉

85) 기쇼 씨는 프랑스의 현인이다. 〈원주〉

86) 시아도부리겐 씨는 출생국을 알 수 없다. 〈원주〉

87) 復現作用 〈원문〉

88) 把住性 〈원문〉 오늘날 파지(把持, retention)에 해당한다. 기억하고 있는 것 중에 재생되는 것을 파지라 한다. 즉, 비록 재생되지 않는 것일지라도 동일한 내용을 다시 학습할 경우 기억해 둔 잠재적 효과가 나타나 학습을 용이하게 하는 현상을 말한다. 〈역주〉

89) 聯合律 〈원문〉

사율, 대비율, 접근률이 그것이다. 예를 들어, 유사율이란 흰 눈을 생각하면 그로 인해 소금의 흰색을 떠올리고, 다른 사람이 아이를 사랑하는 것을 보면 내 아이를 생각하게 되는 것과 같은 것이다. 대비율이란 어떤 나라 사람의 사납고 야만스러운 것을 생각하면 그 나라 사람의 덕행을 떠올리게 되고, 따뜻한 봄이 되면 추운 겨울을 생각하게 되는 것과 같다. 접근률이란 차례대로 접근해 있는 것을 따라서 생각이 생기는 것을 말한다.

어린아이[90]의 기억력

가무반 여사[91]는 3세 이하의 아이는 기억력이 없다고 말하였다. 이 주장은 3세에 이르러 (이전과) 비교해 보면 성장한 후에는 이전 사물을 회상하는 일을 싫어하고 (회상하는 일이) 적다는 말이다. 하지만 진실로[92] 기억력이 없다고 말할 수는 없다. 두 살 아이도 이미 엄마의 얼굴을 능히 기억하고 안다. 또한 유아의 기억력은 탁월해서 열심히 사물의 실체를 탐지할 수 있는데, 이는 늙은 성인이 이르기 힘든 수준이다. 나아가 학령에서 15~16세에 이르는 시기에는 기억력이 매우 왕성하고 활발해서 능히 만 가지 일의 실체를 자

90) 小兒 〈원문〉

91) 가무반 여사는 미국의 현녀(賢女)이다. 〈원주〉

92) 頓 〈원문〉 자의대로 '갑자기'로 번역하면 어색해서 '진실로'로 의역했다. 〈역주〉

세히 기억할 수 있다. 그래서 레구우베 씨[93]는 유아를 평가하기를 '마치 평가자처럼 행동하여 모든 물품의 크고 작음을 모두 등록하여 빠트리는 바가 없다.'고 하였다. 그러니 어찌 교육상 가치 있는 것을 기억하는 연습을 시키지 않겠는가? 로크 씨[94]와 같이 그것이 가치가 없다고 주장하는 설은 큰 오류를 면할 수 없다. 만약 언어[95]상으로만 기억력을 연습시켜서 사람들의 마음의 힘[96]을 해치게 된다면, 이것은 교육의 커다란 적이다. 흥미를 갖게 하고, 이해할 수 있게 하며, 신중하게 시행하고, 주의[97]해서 점진적으로 연습하도록 하되, 반복하고 민첩하게 할 필요가 있다.[98] 그러나 기억과 단정 두 가지 능력은 확실히 상호 수용하기 힘든 것이다. 따라서 기억력 연습에 의존함으로써 단정력[99] 형성이 방해를 받아서는 안 된다.

---

93) 레구우베 씨는 출생국을 알 수 없다. 〈원주〉
94) 롯구 씨는 영국의 현인이다. 〈원주〉 영국의 철학자 J. Rocke를 말한다. 〈역주〉
95) 言辭 〈원문〉
96) 心力 〈원문〉
97) 注意 〈원문〉
98) 기억력을 향상시키기 위한 연습이 가치가 없다는 로크의 주장을 반박하면서 여전히 기억력 훈련이 필요하다고 역설하고 있다. 언어적으로만 연습시키면 마음의 힘을 해친다는 주장, 그리고 흥미를 갖게 하고 이해하게 해야 한다는 주장은 오늘날에도 여전히 유효하다. 〈역주〉
99) 斷定力 〈원문〉 판단력을 말한다. 〈역주〉

상상력의 정의와 득실

상상력이란 지나간 일을 돌이켜 생각하고[100] 기억을 분해해서 얻은 바를 취사선택한 다음에 원소들을 일정한 목적에 맞게 구성함으로써 상상 지식[101]에 응하는 작용을 말한다. 예를 들어, 옛날부터 용의 형체를 알지 못하지만, 화가는 용의 성질이 사납다는 데에 착안하여 반드시 머리는 이리와 같이 그리고, 어금니는 코끼리처럼 하고, 신체는 뱀처럼 그린다. 이렇게 하여 독특한 자태를 가미하여 불가사의한 동물의 모습을 묘출[102]해 낸다. 이것은 상상력에 다름이 아니다. 처음에 이리와 코끼리, 뱀의 형상을 기억해 내서 그다음에 일종의 용을 묘출해 낸 것이니, 이것이 상상력에 의지해서 된 것이 아니면 무엇이리오. 무릇 상상력이란 것은 이것이 기억력이긴 하지만 더 고상하고 그 정도가 더 높은 것이어서 원래 사물에서 벗어나 독립적인 것이 된다. 칸트 씨[103]와 소우시유루 씨와 같은 사람은 어린아이가 이런 능력이 부족하지 않다고 하였다. 소위 아동의 상상력은 극히 활발하기 때문에 오히려 이것을 억제하는 것이 필요할지언정 확장시킬 필요는 없다고 하였다. 어린아이 시절에 그 상상력으로 말미암아 호랑이와 이리를 두려워하여 공포

---

100) 追思 〈원문〉

101) 想像識 〈원문〉

102) 描出 〈원문〉

103) 간도 씨는 독일의 현인이다. 〈원주〉 독일의 철학자 I. Kant를 말한다. 〈역주〉

심이 생기고, 부인들은 헛되이 세상에 유령과 요괴가 있다고 믿어 일종의 병을 만드는 일이 적지 않다. 그러나 이 상상력이 양성법[104] 으로 마땅히 자리를 잡으면 문학, 기술, 과학상으로 그 효과가 매우 크다. 이제 확실히 하나의 중요한 사항이라도 지키려고 한다면, 정밀한 지식을 더 가르쳐서 지각을 활발하게 함으로써 충분히 주의[105] 하게 해야 한다. 갈피를 잡을 수 없이 뒤섞여 어수선하고 애매한 순간에는 사리를 깨달아 알 수[106] 없으며, 그래서 상상력도 또한 몽롱해지도록 해서는 안 된다.

도화의 실효[107]

도화란 실업적 교수의 한 과업이며, 또한 기술적 교육의 한 표준이다. 코메니우스 씨[108]는 도화를 교수에 사용하기 시작했는데, 이 과목은 부인과 어린아이들에게 그림으로 사물을 이해하게 한 것이

104) 養成法 〈원문〉

105) 注意 〈원문〉

106) 理會 〈원문〉

107) 實效 〈원문〉 책의 차례에는 '實敎'로 되어 있으나, 내용상 실효가 적합하다. 〈역주〉

108) 소우시유루 씨와 고메니우수 씨는 프랑스의 현인이다. 〈원주〉 코메니우스(J. A. Comenius)는 모라비아(Moravia, 현재 체코)의 교육자이기에 원주는 오류이다. 〈역주〉

다.[109] 언어적 교수[110]에 있어서 심원한 상상 지식을 이해할 수 없는 경우가 있다. 하지만 도화를 사용하면 어둠을 밝혀 하늘을 볼 수 있다.[111] 그러므로 초학자에게 도화를 사용하여 가르치는 것이 실용상으로, 특히 미적 기술[112]과 상상 지식을 기르는 데 필요한 충분한 수단이 될 수 있다.

어른과 어린아이의 상상 지식

시인의 풍류와 가객의 아취는 지극히 고상한 상상을 갖춘 것이다. 아동도 시인과 가객이 산수를 즐기는 것과 같이 기예를 펼치며 놀기를 좋아한다. 소위 아동의 움직임과 고요함[113]은 종종 상상 지식에서 생긴 것이다. 그러므로 마땅히 어른에게 시가를 배우도록 해야 하고, 어린아이는 재미있는[114] 장난감과 도화를 가지고 놀게 해야 한다. 또한 여러 가지 유익한 이야기[115]를 제공해야 한다. 이렇게 함으로써 상상력을 기르고 상상력이 간명하면서도 정밀하고 적

109) 이는 코메니우스가 만든『세계도회』를 언급한 것이다. 이 책은 그가 어린아이들을 대상으로 사용하도록 만든 그림이 들어간 교과서이다. 서양에선 학교용 교과서로서 그림이 들어간 최초의 책이었다. 〈역주〉

110) 口授 〈원문〉

111) 發蒙見天 〈원문〉 심오한 상상 지식을 이해할 수 있다는 뜻이다. 〈역주〉

112) 美術 〈원문〉 예술의 한 분야가 아니라 미적 기술을 뜻한다. 〈역주〉

113) 動靜 〈원문〉 아동의 행동이 어떤 상상으로부터 비롯된 것이라는 의미를 함축하고 있다. 〈역주〉

114) 戲曲的 〈원문〉

115) 談話 〈원문〉

절하며,[116] 고상하면서도 맑고 깨끗하도록[117] 해야 한다.

문장으로 상상력 기르기

문장을 짓는 것은 여러 가지 마음의 능력을 필요로 한다. 비록 기억력과 단정력일지라도 (문장을 짓는 데) 반드시 쓰이게 되며 상상력 또한 기여한다. 특히 기사문과 전기문[118]을 쓰는 경우에 상상력에 의지해서 이루는 것이 매우 많다. 그러므로 문장 연습을 할 때 처음에는 상상력을 재현[119]하도록 하는 것이 특히 좋은 방법이다.

여러 각력[120]의 관계

이상에서 설명한 감각, 지각, 기억, 상상 등 여러 가지 능력은 특정한 사물에 관계된 것이다. 그래서 이것을 특수지식[121]이라고 부른다. 그리고 개념, 단정, 추리 등 세 가지는 보편지식[122]이라고 부

116) 簡明精切 〈원문〉
117) 高尚淸潔 〈원문〉
118) 記事傳記之文 〈원문〉
119) 復現 〈원문〉
120) 覺力 〈원문〉
121) 特關智識 〈원문〉
122) 普關智識 〈원문〉

른다. 이것은 사물에 대한 관계가 보편적이며 또한 고상하기 때문에 다른 말로 심의의 사변 작용[123]이라고 말한다.

개념력의 정의

개념력이란 지각력을 통해 얻은 바에 기인한 개개 특수한 직접적 지식[124]이며, 또한 기억력과 상상력을 통해 얻은 바에 기인한 개개 특수한 재현적 지식[125]이다. 이는 유사한 형상을 추상하고 개괄함으로써 보편지식에 도달하는 심의 작용이다. 이 개념이라고 하는 것은 우리가 서로의 사상과 언사를 표출하는 것인데, 고유명사를 제외하면 대개 이 개념력에 의지하여 표출한다. 예를 들어, 산이라고 말하는 경우 어느 지역, 어느 나라의 산이라고 말하지 않고 총칭하여 산이라고 부르는 것과 같다. 가끔 일본국 후지산의 백설과 야시노산[126]의 벚꽃[127]과 닛코산[128]의 단풍 이외에는 특별한 경치가 없다고 말한다. 여기에서 어느 나라, 어느 현의 산인지 묻지 않고 똑같이 산의 형세만을 보고 후지, 야시노, 닛코라고 부르

123) 思念作用 〈원문〉

124) 直識 〈원문〉

125) 復現識 〈원문〉

126) 吉野山 〈원문〉 일본 나라현에 있는 산으로 벚꽃의 명소이다. 〈역주〉

127) 櫻花 〈원문〉 앵두나무꽃과 벚꽃의 두 가지 뜻이 있는데, 여기서는 벚꽃을 의미한다. 〈역주〉

128) 日光山 〈원문〉 일본 도치기현에 있는 산으로 단풍이 유명하며, 닛코산 린노지(日光山 輪王寺)는 유네스코 세계문화유산으로 지정되어 있다. 〈역주〉

는 관사를 떼어낸 채 단지 산이라고만 부르게 해서 말을 통하게 한다. 이것은 곧 개념 지식에서 상상이 일어난 것이다. 그리고 추상과 개념은 서로 분리할 수 없다. 보편적인 사물을 따라서 추상하면 그것은 반드시 개념이 된다. 개념이 발동하면 추상도 따라서 일어난다. 개념이란 것은 비록 언어가 통하지 않는 어린아이도 갖고 있는 것이어서, 이전에 본 고양이를 다음에 다시 보면 어린아이일지라도 이미 그 고양이를 알아보고 고양이 우는 소리를 흉내 낸다. 이제 개념력 교수의 세 가지 주요 원칙을 다음에 제시하고자 한다.

개념 지식 교수의 세 가지 원칙

① 실례취적법[129]은 곧 사물의 성질과 형태의 유사점 및 차이를 알게 하는 방법이다. 이는 보편적인 관계가 있는 원칙[130]을 교수하는 것이다. 베인 씨[131]는 실물의 수효와 성질은 적당하지 않으면 안 된다고[132] 말하였다. 그러니 사용하는 그 실제 사례가 지나치게 많아도 안 되고 지나치게 적어도 안 된다. 그 선택을 적당하게 하지 않으면 개념의 성장을 오히려 방해한다.

129) 實例聚積法 〈원문〉

130) 普關則 〈원문〉

131) 베인 씨는 영국의 현인이다. 〈원주〉

132) 不可適當 〈원문〉 문맥상 '不可不適當'이라고 써야 하는데 '不'자가 하나 빠진 것 같다. 〈역주〉

② 순서에 따라 그 처음을 개괄하여 단순한 개념으로 분해하게 한다. 이렇게 하되 각 부분의 추상적 관념 유형을 모아서 점차 나아가도록 해야 한다.

③ 올바른 용어는 교수상 사용해야 하는 언어이다. 그래서 뜻을 해석하는 데 있어서 정밀하고 명확하게 하는 것이 가장 중요하다. 생도들은 애매한 것에 만족하며 개념에서 혼란스러운 경향이 특히 심하다. 그렇기 때문에 이러한 게으름[133)]을 교정하는 데 힘쓰지 않으면 안 된다.

단정력의 정의와 어린아이의 단정력 수련법

단정력[134)]이란 유사 관계에 기초하여 개념과 관념을 연합하는 것으로 유사 관계가 없는 심의 작용을 나타나게 한다. 이것을 자세히 말하면, 각별한 사물[135)]에 대한 직접적 지식과 재현 지식[136)]을 일으키고 또한 전체 유사 개념으로써 구비할 바를 통괄하여서, 이것과 동일한 형상과 기타 개념 두 가지 사이에 존재하는 유사 관계를 명

---

133) 怠慢 〈원문〉 애매하고 혼란스러운 것을 바로잡지 않는 게으름을 말한 것이다. 〈역주〉

134) 斷定力 〈원문〉 판단력과 같은 의미이다. 〈역주〉

135) 格段事物 〈원문〉 '格段'은 원래 일본어에서 '각별함' '현격함(かくだん)'의 뜻이다. 〈역주〉

136) 直現識及復現識 〈원문〉 앞서 '개념력의 정의' 부분에서는 직현 지식이 지각력을 통해 얻은 특수한 직접적 지식이며, 또한 재현 지식은 기억력과 상상력을 통해 얻은 특수한 지식이라고 하였다. 〈역주〉

시하는 것이다. 혹은 각별한 사물에 대한 직접적 지식 또는 전체 유사 개념과 다른 개념 사이에는 유사 관계가 없다는 점을 전체적으로 드러내는 것이다. 예를 들어, 공자를 소위 성인이라고 말하고 즉시 (성인이라고) 통괄하게 되는 경우, 공자라고 칭하는 일개 개체에 대한 재현 지식과 성인이라고 부르는 개념, 이 두 가지 사이에 존재하는 유사 관계를 보이는 것이다. '아시카가 다카우지[137)]는 충신이 아니다'라고 말한다면, 아시카가 다카우지라고 칭하는 일 개체에 대한 재현 지식과 충신이라고 부르는 개념 지식, 이 두 가지 사이에는 전혀 유사 관계가 없다는 점을 보여 주는 것이다.

아동은 처음에 완전한 말로 단정하지 못한다. 그럼에도 불구하고 유아가 이러한 단정력이 없는 것은 아니다. 그 증거를 들자면, 촛불을 어린아이의 몸 가까이에 대면 곧 엄지손가락을 움츠리는데,[138)] 이것은 다만 불이 닿으면 타게 된다고 단정한 것이다. 단정력을 연습하는 것이 필요하다는 점은 논의할 필요가 없다. 전 세계적으로 이러한 교육이 매우 중요하다는 것을 알게 된 것은 프랑스의 몬텐 씨와 보루도로이야요 씨[139)]의 공적이다. 그리고 어린 시기의 단정 교육법은 루소 씨[140)]의 소극적 교육이 가장 적합한 것으로, 힘써 노

137) 足利尊氏 〈원문〉 아시카가 다카우지(足利尊氏, 1305~1358)는 일본의 가마쿠라 막부(鎌倉幕府)를 무너뜨리고 무로마치 막부(室町幕府, 1336~1573)를 세운 초대 쇼군이다. 메이지 시대에 그는 천황의 권력을 찬탈했다는 이유로 '천황에게 활을 겨눈 역적'이라는 평가를 받았다. 〈역주〉

138) 退擘 〈원문〉

139) 몬텐 씨와 보루도로이야요 씨는 모두 프랑스의 현인이다. 〈원주〉

140) 루우쇼 씨는 앞 주를 보시오. 〈원주〉

력해야 할 일은 오히려 교육하지 않는 것이며, 아동을 개선하는 데 있어서 언어 오류를 바로잡아 발육시키면 그것으로 충분하다. 가정 교육에서는 유모, 어머니, 아버지의 주의가 필요하다. 독일의 학교 교칙에서는 1주일에 몇 시간 한도로 단정력을 수련하게 한다. 더욱이 특별한 시간을 요구하지 않으며 아울러 담화와 문장을 가르치지도 않는다. 이와 같이 단정력은 아동의 지식의 깊고 얕음에 따라 활용해야 한다. 만약 지식이 충실하지 않고 사고력이 발달하지 못하며 경험이 완전하지 않은 시기에 강제로 단정 교육을 실시하면 오류에 빠지기 쉽다. 어찌 위험하지 않으리오.

추리력의 정의

추리란 보편적 지식 중에서 가장 복잡하고 고상한 것이다. 이는 두 개의 단정을 인식함으로써 결론적으로 새로운 하나의 단정에 이르는 작용을 말한다. '사람은 반드시 죽음을 면하지 못하며 석가모니도 역시 사람이다'라는 말을 예로 들어보자. 사람이 반드시 죽는다는 것은 추리 작용이다. 그러니 죽음이라는 개념 지식을 말하는 것은 유사 관계에 포함된다. 그리고 죽음이라는 개념 지식을 말하는 가운데 또한 석가모니도 인간이라고 말하는 것은 소위 석가모니도 죽는다는 개념에 포함되는 것이다. 그러므로 이 두 가지 단정 관계에 의해 석가모니도 반드시 죽는다고 추리할 수 있다.

이와 함께 추리에는 정면 추리와 반면 추리[141]가 있다. 인간은 반드시 죽으며 석가모니도 인간이기 때문에 죽음을 면할 수 없다고 말하는 것과 같은 사례는 정면 추리이다. 인간은 반드시 죽지만 돌은 인간이 아니기 때문에 죽지 않는다고 말하는 것은 반면 추리이다. 이러한 관계를 자세히 논의하는 것은 논리학의 소관 사항이다. 세상 사람들이 일상에서 말하는 바는 이 명제를 모아 놓은 것과 다르지 않다. 그래서 갑자기 신문의 호외를 발간하며 국기를 게양하여 승전을 축하하는 것이니, 평양, 아산, 구연성 전투[142]에서 모두 승리할 때에 신문 호외를 발행해서 보도했던 것이다.[143] 그렇지만 일상적인 일은 항상 오인하기 쉬운 것이다. 어찌 신문 호외에서 전쟁 승리를 특별히 보도하고 다른 일은 보도하지 않는가. 그 이유는 만약 이전의 추리로부터 단정하는 힘이 없으면 종종 오류가 생기기 때문이다. 그러므로 오류를 범하지 않으려고 한다면 반드시 추리력을 연구해야 할 것이다.

---

141) 正面與反面 〈원문〉

142) 아산, 평양, 구연성은 청일전쟁 시 일본이 큰 승리를 거둔 지역이다. 구연성은 중국 랴오닝성(遼寧省) 단둥(丹東)에 있는 성으로 교통의 요지이다. 〈역주〉

143) 이는 사람들은 일련의 명제에 따라 일상적인 사건을 추리한다는 점을 보여 주는 사례이다. 추리에 대해 설명하면서 갑자기 청일전쟁에서의 일본의 승리를 예로 든 것은 얼핏 보면 문맥에서 벗어난 것 같다. 하지만 일본은 강하다는 명제에서 출발해서 일본은 전쟁에서 승리할 수밖에 없다는 단정(판단)을 할 수 있고, 그래서 신문 호외를 발간하고 국기를 게양하며 축하하는 것이라는 점을 말하고 있다. 이러한 설명은 저자가 일본인이기 때문에 당연한 것으로 보이지만, 이를 읽고 공부하는 조선인에게 일본 제국주의의 우월성을 과시하려는 의도가 내재된 것으로 보인다. 〈역주〉

어린아이의 추리력 및 양성법[144)]

로크 씨는 아동 또한 추리를 잘한다고 말하고, 곤레이야구 씨[145)]는 감각과 함께 (추리력이) 발달한다고 말한다. 그래서 혹자는 (추리력의) 발달이 이와 같이 빠르게 이루어지는지를 의심할지도 모른다. 그렇지만 세 살 난 아동도 추리력이 이미 발달한 것을 볼 수 있다. 그 증거는 아동에게 여우를 보여 주고 여우가 무는지 그렇지 않은지를 물어보면 안색에 공포심이 나타나는 것과 그밖에 주변 사람들의 말소리에 열심히 귀를 기울이는 것이 바로 그것이다. 추리력 교육법은 단정력의 특별한 연습법과 같지 않다. 하지만 문법, 이학,[146)] 역사, 지리, 과학은 교사의 지식[147)]을 사용함으로써 학과를 막론하고 (추리력의) 발육에 힘쓰도록 해야 한다. 특히 이학과 수학은 추리의 학과이기 때문에 소학교에서 이를 응용할 수 있다. 비록 이학과 수학을 각각 귀납과와 연역과[148)]라고 구별하고 있으나, 이 학과들에서 마땅히 자료와 시기를 분별하여 가르치면 아동이 자연스럽게 추리력을 이해하고 응용하게 된다.

144) 원래 책의 차례에는 이 소제목이 빠져 있다. 〈역주〉
145) 롯구 씨는 앞 주를 보시오. 곤레이야구 씨는 출생국을 알 수 없다. 〈원주〉
146) 물리학, 화학, 생물학, 지질학, 천문학 등 자연과학을 통칭하는 말이다. 〈역주〉
147) 智 〈원문〉 知識이 아니라 智識, 즉 생각하여 아는 작용 또는 지혜와 식견을 뜻한다. 〈역주〉
148) 歸納演繹兩科 〈원문〉

귀납법과 연역법

귀납법이란 다수의 지엽적 사물로부터 일정한 사물의 근본 법칙을 깨달아 얻는 것이다. 예를 들어, 박물과를 배움에 있어서 각각의 종[149]을 모아 하나의 과[150]라고 하고, 그 각각의 과를 모아 하나의 유[151]라고 하는 것이 그것이다. 연역법이란 귀납법과 완전히 상반된 것으로, 근본적인 것으로부터 분류하며 그것을 하나의 유로 나누어 (다시) 여러 과와 여러 종이 되는 것이다. 이것은 자연적으로 분포하는 범위에서 시작해서 이후에 상세한 것으로 들어가는 것을 일컫는다. 그러므로 문장과 담화에서 그때그때 알맞게 대처하여[152] 귀납법에서 시작해서 연역법으로 나아가고, 연역법에서 시작해서 귀납법으로 나아가야 한다. 그렇기 때문에 귀납법 가운데에 연역법이 있고, 연역법 가운데에 귀납법이 있는 것이다. 예를 들어, 한바탕의 수신 이야기를 활용하는 경우에 수신의 요령으로 시작해서 이것들을 세분하여 사실적 이야기로 들어가는 것을 곧 연역법이라 하고, 또한 그 사실들을 모아서 교훈적[153] 격언으로 만들고 이를 아동이

149) 種 〈원문〉

150) 科 〈원문〉

151) 類 〈원문〉 오늘날 생물계 분류에 따르면, 과의 동물을 자세히 나누어 속으로 묶고 속의 동물 중 거의 똑같은 특징을 지닌 동물들은 종으로 분류한다. 즉, 과⊃속⊃종의 관계를 이룬다. 본문의 '과'는 '속', '유'는 '과'의 잘못이다. 〈역주〉

152) 隨機應變 〈원문〉

153) 溫習的 〈원문〉

기억하기 편하게 제공하는 것을 곧 귀납법이라고 한다.

지육의 가치

교육이란 도덕과 성질을 양성하는 것을 말하니, 교육의 본령은 비록 지육에 있지 않지만[154)]교수의 본령은 지육에 있다. 교수와 교육은 원래 그 취지가 다르다. 교수를 하고자 하면 반드시 지육에서 시작해야 한다. 그래서 지육이라는 것은 단지 교수에만 유효하고 교수가 아닌 것에는 가치가 없는 것인가? 도덕 및 기질[155)]의 연습, 즉 교육의 목적을 달성하려고 한다면 반드시 먼저 지육을 시행하는 것이 선행되어야 한다. 교육의 목적이라는 것은 신체상의 능력에 존재하지 않고 지력 및 내부의 능력에 존재한다. 품위 있는 사상은 신체에도 고상하게 작용한다. 그래서 자연적으로 그 사상의 능력이 심성 발육에 작용함으로써 신체 발육에도 크게 영향을 미치는 관계가 형성된다. 그러므로 지육은 혼자 고립될 수 없는 것임을 알 수 있다.

154) 여기서도 덕육중심주의 교육관이 드러나고 있다. 〈역주〉
155) 바로 앞에서는 '성질'로 표기하였다. 〈역주〉

여러 능력의 발육 순서

여러 가지 능력의 발육 순서에 대해서는 병발론과 순발론[156]의 구분이 있다. 루소 씨는 순발론을 채택하고, 이지리 씨[157]는 병발론을 지지한다.[158] 두 사람 모두 극단적인 입장을 취하고 있는데, 심육[159]에서는 다소의 차이가 없을 수 없다. 허버트 스펜서 씨[160]는 지식이 진화하는 법칙을 설파하였는데, 단순에서 복잡으로, 실체에서 추상으로, 특정[161]에서 일반으로, 부정에서 한정[162]으로, 경험적인 것에서 이론적인 것으로 진화한다고 하였다. 지육과 발육 두 가지는 반드시 함께 진보하는 것이므로[163] 만약 진보할 수 있는 시기를 헛되이 지나쳐 버리면 만회하기 힘들어서 이후에 교육을 한다고 해도 소득을 얻을 수 없다.

---

156) 併發論 順發論 〈원문〉
157) 루우쇼 씨는 앞을 보시오. 이지리 씨는 출생국을 알 수 없다. 〈원주〉
158) 지력을 구성하는 일곱 가지 능력, 즉 감각, 지각, 기억, 상상, 개념, 단정, 추리 등의 발달 순서에 대해 두 가지 입장이 존재하고 있음을 언급한 것이다. 〈역주〉
159) 心育 〈원문〉
160) 하바도 수벤사 씨는 영국의 현인이다. 〈원주〉
161) 特種 〈원문〉 '일반'과 대비해서 사용하고 있기에 '특정'으로 번역하였다. 〈역주〉
162) 不定 定限 〈원문〉
163) 지육과 발달(발육)이 분리된 것이 아니라 동시에 이루어진다는 의미이다. 〈역주〉

균형[164]과 통일의 의의

지육을 비교하는 원칙들[165]은 서로 장단점을 갖고 있어서 불균형이 생기기 쉽기 때문에 결함이 없는 통일감을 갖기 힘들다. 그러므로 여러 가지 능력을 함께 발달시키면서 동시에 균형 있게 통일될 수 있도록 시도해야 한다. 기쇼 씨[166]는 말하길, 인간의 지력에 포함된 제반 능력들이 균형을 이루고 있는 것은 마치 물질계 안에서 물질력들이 균형을 이루고 있는 것과 같다고 하였다. 이러한 균형감이 있기에 물질의 운동이 방해받지 않고 질서를 유지할 수 있다는 것이다. 그리고 칸트 씨[167]는 제반 능력을 연습하는 원칙은 단지 한 가지 능력만을 연습하는 것이 아니라 다른 능력을 함께 연습함으로써 조화를 이루게 하는 것이라고 말하며, 이것 또한 필요한 것이라고 하였다. 니고루 씨[168]는 교육의 효과[169]는 능력들이 상호 보조하며 조화를 이루는 데 있다고 하였다.

---

164) 均正 〈원문〉
165) 較則 〈원문〉
166) 기쇼 씨는 앞을 보시오. 〈원주〉
167) 간도 씨는 앞을 보시오. 〈원주〉
168) 니고루 씨는 영국의 현인이다. 〈원주〉
169) 教育之功 〈원문〉

심의 발달의 방법

베이컨 씨[170]는 심의라는 것은 구멍 난 그릇[171]을 가득 채울 수 없는 것과 같으며, 또한 불에 타지 않게 할 수 없는 것과 같다고 말하였다.[172] 사실 그렇지만 심의라는 것은 어린 싹[173]을 키우고 발육시킴으로써 얻을 수 있다. 그러므로 쓸데없이 여러 가지 지식을 투입하지 말고 자연적인 발육의 순서를 따라 개발[174]시키는 것이 필요하다. 구레아 씨[175]는 인간의 지식을 모두 다 가르칠 수 없기에 불가불 알아야 할 것만을 가르쳐도 충분하다고 말하였다. 또한 그는 아동을 마땅히 자기 뜻에 따라[176] 힘쓰도록 장려해야 하고 급격하게 발육시키려고 해서는 안 되며, 내부 발육을 도와서 실제적이며 실용적인 것에 이르게 해야 한다고 말하였다.

---

170) 베곤 씨는 영국의 철학자이다. 〈원주〉 F. Bacon을 말한다. 〈역주〉

171) 空器 〈원문〉 문맥상 구멍이 뚫린 그릇을 의미한다. 〈역주〉

172) 심의란 마음의 작용으로서 앞서 언급한 것처럼 지 · 정 · 의를 가리킨다('지 · 정 · 의의 분별 및 관계' 참조). 베이컨은 이러한 심의가 충분한 상태로 우리 안에 채워질 수 있는 것은 아니며, 또한 억지로 그 발현을 막을 수도 없다는 점을 지적하였다. 〈역주〉

173) 苗芽 〈원문〉

174) 開達 〈원문〉

175) 구레아 씨는 출생국을 알 수 없다. 〈원주〉

176) 隨意的 〈원문〉

제4장
덕육론

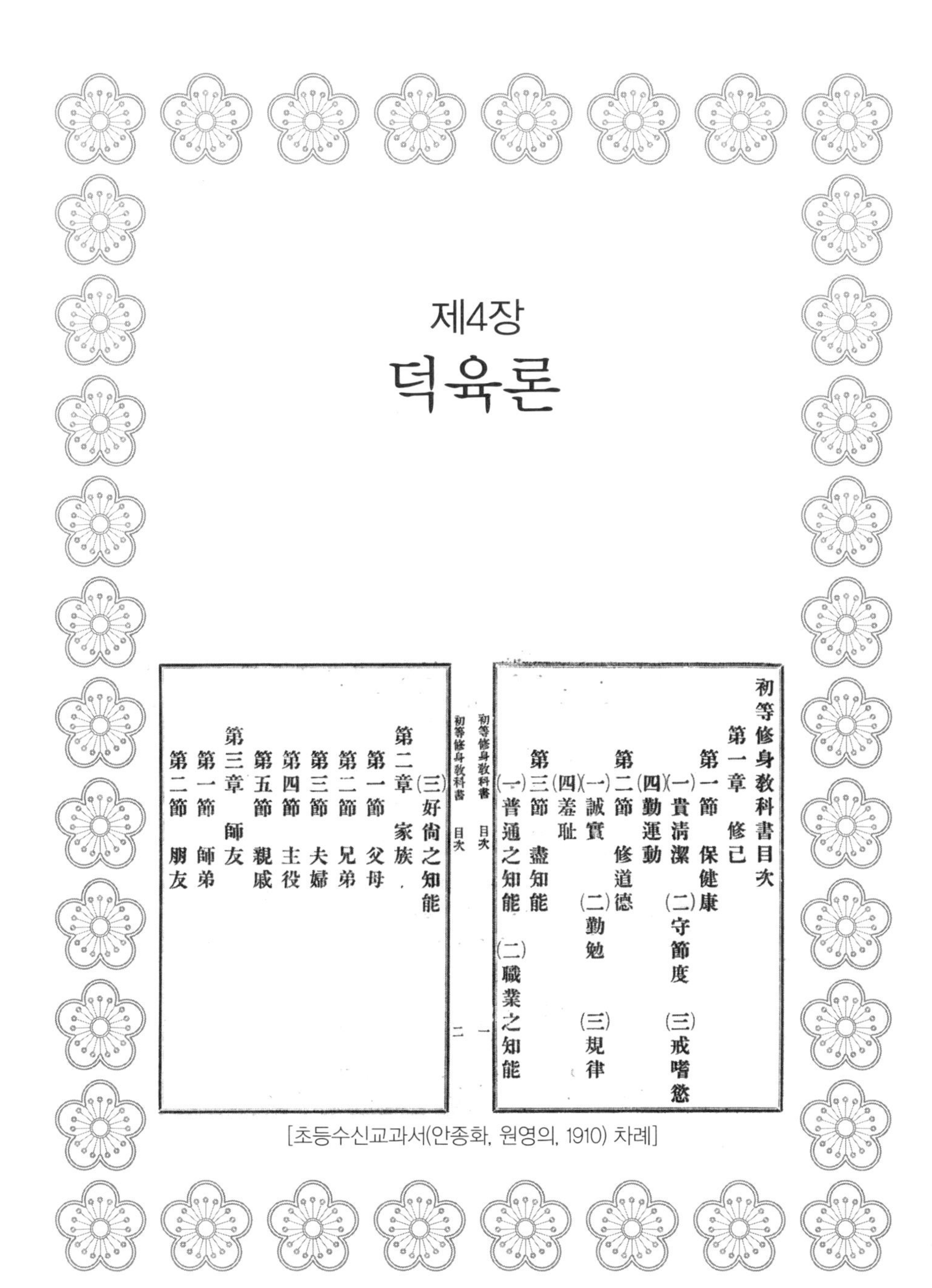

初等修身敎科書目次

第一章 修己

第一節 保健康

(一)貴淸潔 (二)守節度 (三)戒嗜慾

(四)勤運動

第二節 修道德

(一)誠實 (二)勤勉 (三)規律

(四)羞耻

第三節 盡知能

(一)普通之知能 (二)職業之知能

(三)好尙之知能

第二章 家族

第一節 父母

第二節 兄弟

第三節 夫婦

第四節 主役

第五節 親戚

第三章 師友

第一節 師弟

第二節 朋友

[초등수신교과서(안종화, 원영의, 1910) 차례]

정과 의[1]를 강구하는 이치

교육의 목적이 모두 이 장에 있다. 심의 작용을 연구하고 궁리하려고 한다면 정과 의 두 가지를 강의하지 않으면 안 된다. 하지만 그 복잡하고 오묘함은 지육에 비할 바가 아니다.

감정의 원인

감정이란 쾌락과 고통의 의식 상태를 지각하여 아는 것으로 인간의 행복과 불운이 이 두 가지와 무관하지 않다. 부자간의 친애와 부부간의 구별과 친구 간의 믿음이 모두 이러한 정에서 벗어나지 않는다.[2] 환언하면 국가와 사회의 결합이 모두 이 정에 기인해서 성립하는 것이다. 그러므로 감정을 일으키는 근본 성질을 알아야 한다. 그 세 가지의 근본 성질을 다음에서 살펴보고자 한다.

---

1) 情意 〈원문〉

2) 오륜 중 세 가지(부자유친, 부부유별, 붕우유신)를 감정과 연관시켜 언급하고 있다. 이처럼 전통윤리는 감정과 밀접히 관련되어 있고, 감정은 바로 덕육에 포함된 중요한 요소이다. 그러므로 이 책에서 제시한 덕육의 증진, 즉 교육의 목적은 결국 전통윤리에서 크게 벗어나지 않는 것이 된다. 〈역주〉

감정의 원리[3)]

① 발동은 운전[4)]의 원리이고, ② 변화는 대비의 원리이며, ③ 상찬[5)]은 조화의 원리이다. 발동의 원리란 심의가 쾌락을 느껴서 신체기관과 심의 기능[6)]이 적절히 발동하게 하는 것을 말한다. 이러한 발동이 간혹 지나치거나 부족하면 반드시 고통을 느끼게 된다. 예를 들면, 책을 읽는 시간이 너무 길면 곧 고통을 느끼며, 한가롭게 노는 일이 지나치게 길면 곧 무료함을 감당할 수 없고, 운동과 수면이 부족하면 곧 고통을 느끼는 것이 그것이다. 변화의 원리란 쾌락과 고통 두 가지가 그 양과 질[7)]이 어떠한가에 따라 변화하는 것을 말한다. 음악을 들을 때 여러 음이 모두 같아서 음의 장단, 긴장과 이완이 없으면, 이것은 음률[8)]의 분량이 질의 변화를 초래한 것으로 쾌락의 양을 느끼기에 부족한 것이다. 또한 음이 지나치게 이완되거나 팽팽하게 긴장되면 그에 따라 쾌락을 느낄 수 없게 되는 것이 변화의 원리이다. 조화의 원리라는 것은 다소 거센 소리[9)]가 있어서

3) 理法 〈원문〉 원래 원리와 법칙이라는 뜻이나 여기선 원리로 줄인다. 〈역주〉
4) 運轉 〈원문〉 운동하며 나아가게 한다. 〈역주〉
5) 相贊 〈원문〉 서로 돕는다. 〈역주〉
6) 身體之機關과 心意之器能 〈원문〉
7) 資質 〈원문〉
8) 律呂 〈원문〉
9) 激音 〈원문〉 有氣音과 같은 말로 본래 숨이 거세게 나오는 파열음을 뜻한다. 여기선 서로 다른 음들이 어우러져 듣기 좋은 소리가 나는 것을 나타내기 위해 쓰였다. 〈역주〉

서로 어우러지는 맛을 내는 것을 말한다. 예를 들어, 황금색을 드러내는 채화[10)]가 있는데 만약 그 사이에 푸른 잎이 점점이 있으면 일단의 아름다운 경치를 나타내지만, 이와 반대로 검은 옷을 입은 사람이 감색[11)] 띠를 두르면 멋이 없는 것과 같다. 이것은 하나는 조화를 이루고 다른 하나는 조화를 이루지 못한 것에서 기인한다.

감정의 분해

감정은 정서와 (감각)[12)] 두 가지로 나누고, 다시 감각은 보통 감각, 특수 감각 두 가지로 세분할 수 있다. 감각은 이미 지육 장에서 설명하였기 때문에 이 장에서는 정서에 대해서만 서술하고자 한다. 정서는 극히 복잡하여 그 분류법 또한 여러 가지 설이 있다. 하지만 보통 세 가지 종류로 분류하는데, 사정, 동정, 중정[13)]이 그것이다.

사정의 의의

사정이란 정서 가운데 가장 단순한 것이다. 이는 일신상에 일어

---

10) 菜花 〈원문〉 채소의 꽃을 말한다. 〈역주〉

11) 紺色 〈원문〉 검은 빛을 띤 짙은 남빛을 말한다. 〈역주〉

12) 情緖之二者 〈원문〉 문맥으로 보아 정서 다음에 '감각'이 빠진 것으로 보인다. 〈역주〉

13) 私情 同情 中情 〈원문〉

나는 쾌락과 고통과 같은 감정과 자기에 대해 각별하게 관계하고 있는[14] 목적물로 인해 발생하는 쾌락과 고통의 감정이다. 달리 말하면, 쾌락과 고통, 이 두 가지는 모두 자기를 위주로 하고 다른 사물에는 미치지 않는다. 예컨대, 희망, 성공, 명예, 칭찬, 자중, 자부, 실망, 실패, 비방, 자기혐오,[15] 자기경시[16]와 같은 것은 모두 자기 경험에서 비롯되며 일신상에서 생기는 정서이다. 그리고 부모와 처자에 대한 기쁨과 즐거움과 기타 원수와 적, 경쟁자에 대한 고통은 비록 자기 한 몸에 제한되지 않을지라도 이미 (자신이) 목적한 바이기 때문에 이 또한 사정이 된다.

동정의 의의

동정이란 자기를 중심으로 하는 것이 아니며 오로지 타인을 목적으로 하여 타인의 쾌락과 고통에 미치는 정서이다. 그러므로 사정과 비교해 보면 이것은 더욱 고상한 것이기에 그 발육의 순서 역시 사정 이후에 위치할 수 있다. 달리 말하면, 타인이 영달하는 것을 듣고서 자기도 기뻐하며, 이웃집의 재앙과 화[17]를 보고서 자기도 근심하는 것과 같은 것은 모두 동정이다. 만약에 이 정서가 극히 부족

14) 格段關係 〈원문〉 '格段'은 원래 일본어에서 '각별함' '현격함(かくだん)'의 뜻이다. 〈역주〉
15) 自侮 〈원문〉
16) 自輕 〈원문〉
17) 禍災 〈원문〉

한 어떤 아동이 2~3세 시기에 부모를 잃고 이별한다면 슬퍼하지 않는 아이[18]가 되지는 않을 것이지만, 그 슬픔은 단지 자기를 보호할 사람이 없는 것에 기인한 것이다. 만약 보호자가 있으면 비애의 마음은 반드시 없어지게 마련이다. 이것으로 아동은 동정심이 부족하다는 것을 알 수 있다.

중정의 의의

중정이란 단지 타인의 감정이 일어나는지만을 살피는 것이 아니라 한층 더 고상한 것이다. 단정력, 추리력 등이 충분히 관념화된 이후에 생기는 공정한 정서[19]이다. 예를 들면, 충군 애국의 정서와 자연에 대한 사랑, 즉 진리에 대한 사랑과 같은 것이다. 이는 널리 사랑하는 마음,[20] 곧 인과 의[21]의 도덕이다.

어린아이의 감정과 감정교육법

어린아이의 감정은 처음에 겨우 미각과 촉각 두 감각에 그치지

---

18) 無哀者 〈원문〉
19) 公情 〈원문〉
20) 博愛 〈원문〉
21) 仁義 〈원문〉

만, 그 후에 점차 시각과 청각의 쾌락을 느끼면서 동정과 반정[22)]이 발생한다. 그러나 유아의 동정은 성인의 동정과 그 내용이 달라서 오직 현실의 물건에만 한정해서 나타나며 성인이 되어서 그 물건을 대하지 않으면 동정이 발생하지 않는다. 어린아이들은 목마와 토우류 혹은 고무 고양이[23)] 등의 장난감에 대해서도 친애의 감정을 나타낸다.

무릇 감정이란 것은 비록 교육상 가장 필요한 것이지만 복잡하고 어려운 것이어서 훌륭한 교육자가 아니면 교육 목적을 달성하기 어렵다. 세상의 유명한 교육자라도 큰 오류를 범하는 것이 있다. 예를 들어, 아동으로 하여금 진리에 호소하게 해야지 감정에 호소하게 하면 이것은 큰 잘못이다. 감정이란 단지 그 대상만을 교육할 수 없으며 다른 지력[24)]과 함께 병행하여 교육해야 한다. 그래서 루소 씨[25)]는 감정은 마땅히 교육자가 15세 이전에 교육[26)]해야 한다고 말하였다. 그러나 이것은 현실적으로 결코 실행할 수 없는 주장이다. 우리는 오히려 교의적인 것을 따라[27)] 효행, 신의 등의 감정을 발육해서 소극적으로 반정[28)]을 예방하려고 할 것이다. 가정

22) 反情 〈원문〉 동정에 대한 반대의 감정을 뜻한다. '동정'은 '공감', '반정'은 '반감'으로 대체할 수 있다. 〈역주〉

23) 護謨猫 〈원문〉 '護謨'는 일본어로 ゴム로 고무라는 뜻이다. 〈역주〉

24) 智力 〈원문〉

25) 루우쇼 씨는 앞을 보시오. 〈원주〉

26) 施 〈원문〉

27) 從交誼的 〈원문〉 '교의'는 사귀어 친해진 정을 뜻한다. 따라서 정을 나누는 만남과 사귐을 통해 효행, 신의 등의 감정을 함양한다는 뜻이다. 〈역주〉

28) 反情 〈원문〉 이는 앞에서 '동정'과 반대의 뜻으로 사용되었다. 〈역주〉

교육은 응당 이러한 목적을 잘 이루어서 비록 자기적 감응[29]일지라도 반드시 이를 고무하며, 비록 열정일지라도 모두 다 북돋아 일으켜야 한다. 사레 씨[30]는 비록 자애심이 부족한 시기일지라도 소극적인 방법을 따라서 고무[31]할 것이 있다고 말하였다. 즉, 그 성질이 허약하고 어리석은 아동은 강하게 해서 진취의 기력을 갖게 해야 한다. 그러면 비록 오만한 공명[32]의 감정일지라도 발달한다. 열정이란 교만방자하고 전행을 일삼는 편벽된 것으로 비록 위험하고 포악한 것일지라도 반드시 그 열정을 점차 전환시켜 고상한 정감으로 나아가게 해야 한다. 그러면 작게는 효행과 우의를 갖게 될 것이며, 크게는 사회와 국가 사업의 (중요한) 방편이 될 것이다.

이제 마리온 씨[33]가 언급한 것을 제시하여 감정교육법의 대요[34]를 알리고자 한다. 무릇 미리 경계할 것은 때가 되면 아동에게 (사랑을) 도탑게 하며 억제와 간언도 행하는 것이다. 아동에게 반드시 세심한 보호를 제공하며 건강한 덕성을 증진하도록 돕는 것은 어떤 일을 막론하고 불가불 반드시 취해서 시행할 일이다. 이와 같이 하면 갑작스러운 고소[35]와 쓸데없는 가책에서 벗어날 수 있다. 미리 아동의 욕망이 유해한 기회에 빠지는 것을 막아서 나쁜 책과 나

29) 自己的感應 〈원문〉개인의 사사로운 감정을 말하는 것 같다. 〈역주〉
30) 사레 씨는 프랑스의 현인이다. 〈원주〉
31) 鼓動 〈원문〉
32) 功名 〈원문〉
33) 마리온 씨는 프랑스의 현인이다. 〈원주〉
34) 大要 〈원문〉 간단한 요점을 말한다. 〈역주〉
35) 告訴 〈원문〉 아동을 잘 보살피고 좋은 덕성을 기르지 못하면 어떤 불미스러운 일로 불시에 고소를 당할 수도 있음을 의미한다. 〈역주〉

쁜 물건이 눈과 귀에 닿지 않도록 하며, 언제나 친구를 가려 사귀도록 해서 올바른[36] 이야기를 듣게 하고, 또한 선량한 모범을 보인다면 모름지기 큰 책임을 다했다고 할 것이다.

의지[37]의 정의

앞에서 서술한 감정이란 것은 많은 것이 외부 유발요인[38]의 영향을 받아서 발동하지만, 의지는 마음 내부의 작용으로 발동하여 느끼는 것이다. 즉, 자기의 세력을 외부로 향하게 해서 이것이 발동하는 작용이 나타나는 것이다. 다음에서 사용하는 (의지의) 정의는 심신[39]이 의식 및 반성력[40]을 갖고 자유롭게 선택하며 스스로 결정력을 행사하는 것을 말한다. 통상적으로 의지는 단순 의지와 복잡 의지 두 가지로 나뉘는데, 이제 이것을 말하려고 한다.

---

36) 端正 〈원문〉
37) 意思 〈원문〉 오늘날 '意志'에 해당한다. 〈역주〉
38) 激因 〈원문〉
39) 心神 〈원문〉 마음을 주관하는 어떤 힘을 뜻한다. 〈역주〉
40) 反省力 〈원문〉

단순 의지의 발동 작용

단순 의지란 본성의 원망[41)]의 작용이다. 예를 들어, 책상에 놓인 책을 보고 그것을 갖고 싶은 원망이 생기면 신체의 발작[42)]에 적합한 상태가 된다. 대개 이러한 발작은 단순 의지가 원망을 상대하여 행위[43)]라고 칭하는 것으로 종결된 것이다. 이와 같은 원망을 동념[44)]이라고 부른다.

복잡 의지의 작용[45)]

복잡 의지란 그 의지가 나타남으로써 외부의 발작에 중요하게 작용하고 심의 발동[46)]이 복잡하게 이뤄지는 것을 말한다. 이렇게 심의가 복잡하게 발동하는 이유는 외부에서 발작하는 추동[47)]과 원망 때문이다. 즉, 동념의 발육이 복잡하게 뒤섞인[48)] 상태에서 정리된 뒤에

41) 願與望 〈원문〉 원하고 바람을 의미하며, 희망과 욕망의 복합 개념이다. 〈역주〉
42) 發作 〈원문〉 발동과 비슷한 개념으로 신체를 움직이게 한다는 뜻이다. 〈역주〉
43) 作爲 〈원문〉
44) 動念 〈원문〉 어떤 행동을 유발시키는 내적 마음의 상태를 말하고 있다는 점에서 이는 동기와 유사한 개념이다. 〈역주〉
45) 원서의 차례에는 '복잡 의지'로만 표기되어 있다. 〈역주〉
46) 心意 發動 〈원문〉
47) 推動 〈원문〉
48) 複雜錯綜 〈원문〉

외부에서 발작하지 않으면 일정한 목적을 달성하기 어렵다. 우리는 평생 동안에 경험의 발동이 종종 다르게 나타나는 경우가 있다. 혹은 정욕에 충실하며, 혹은 많은 명예를 바라기도 하고, 혹은 품행을 보존하려고 하며, 혹은 덕과 의를 지키려 하고, 혹은 의가 아님을 알면서도 그것을 행하려고 한다. 이러한 원망이 마음 가운데 갑자기 일어나서 복잡하게 얽혀 만나면 마음속에서 일어나는 전투를 형언하기 힘들다.[49] 이제 그 이유를 서술하고자 한다.

동념의 원리

동념의 원리[50]에는 상찬[51]과 알력 두 가지가 있다. 예를 들어, 국가의 은혜에 보답하기[52] 위해 멀리 해외로 떠나고자 할 때 부모가 이를 허락하고 자기 뜻도 그렇게 정하는 것은 그 마음이 서로 조화를 이룬 것이다. 이를 상찬이라고 부른다. 만약 부모와 처자식의 정에 이끌려 그 성과를 얻지 못한다면 그 정이 서로 충돌하여 극단적인 상황에 이르게 된 것이다. 이와 같은 것을 알력이라고 부른

49) 不可名狀 〈원문〉 우리나라에서 '명상'이란 단어는 개화기 이래로 일제강점기까지 널리 쓰였다. 대개 '명상하기 어렵다'는 식으로 쓰였는데, 오늘날 '형언하기 어렵다'는 뜻이다. (『황성신문』 1901년 5월 9일자, 「토이기 정부의 위기」; 『동아일보』 1923년 9월 17일자, 「경제학에 관한 사실의 해석 3」 참조).

50) 理法 〈원문〉

51) 相贊 〈원문〉

52) 報效 〈원문〉

다. 이러한 알력이 생겨서 결정하려고 할 때 다음에 열거한 심의들이 발동하게 된다.[53]

제지의 의의

심의 발동에는 다섯 가지가 있다. 첫째, 제지[54]요, 둘째, 사려요, 셋째, 찬택[55] 및 비판이요, 넷째, 결단 및 인내요, 다섯째, 자제이다. 첫 번째의 제지란 마음 가운데 서로 용납하기 힘든 동념이 발생하여 결정하지 못하고 마침내 중지하고 마는 것을 말한다.

사려의 의의

두 번째의 사려란 두 가지 서로 용납하지 못하는 관념이 비록 서로 충돌하지만 불가불 반드시 결정해야 한다고 생각하는 것을 말한다.

---

53) 여러 가지 동기가 내적 갈등을 일으킬 때 이를 해소하는 마음의 작동에 대해 언급한 것이다. 〈역주〉

54) 制止 〈원문〉

55) 撰擇 〈원문〉 '선택'과 비슷한 의미이다. 〈역주〉

찬택 및 비판의 의의

세 번째의 찬택 및 비판이란 사려알력의 개념이 발동한 후에 점차 한 쪽이 우세함을 감지하고서 그렇게 될 수 있는 것을 선택하고 결정하는 것으로 이를 찬정, 비판[56]이라고 부른다.

결단 및 인내의 의의[57]

네 번째의 결단 및 인내에서, 찬택과 비판을 거쳐 결행을 확실히 정하는 것을 결단이라고 부르고, 그 결정한 바에 따라 곤란을 무릅쓰고[58] 수행하는 것을 소위 인내라고 칭한다.

자제의 의의

다섯 번째의 자제란 억제하고 반대하는 용기[59]이다. 만약 이 능력이 없으면 비록 결단하더라도 인내하지 못해 결국 실패하고 만다.

---

56) 撰定批判 〈원문〉
57) 원서의 차례에는 '결단 및 인내'로만 표기되어 있다. 〈역주〉
58) 不辭困難 〈원문〉
59) 勇敢 〈원문〉

심의 발육의 이치[60]

심의의 발육에는 두 가지 방법이 있다. 첫째는 개별 기능[61]의 성장이다. 이것은 이미 생겨난 심의 기능이 점차 연령과 함께 진보·성장[62]하며 또한 능력이 더욱 견고해지는 것을 말한다. 둘째는 여러 기능의 발전[63]이다. 처음에는 심의가 발육되지 못한 상태에 있다가 2~3개의 기능으로부터 점차 발전하여 수많은 복잡한 기능이 생겨난다. 또한 심의 발육 방법에는 세 가지가 있는데, 경험, 발육, 유전이 그것이다.

경험의 의의

경험이란 독립해서 홀로 진보하는 것이 아니라 반드시 여러 가지 대상을 거쳐서 발달한다. 그 경험이란 것은 일생에만 한정되지 않는다. 수 세대에 걸쳐 경험이 쌓여 개량이 이루어지고 진보하게 된다. 이것을 진화라고 부른다. 일생 동안에 스스로 경험을 쌓아 이로써 타인을 가르치기도 하는데, 이를 소위 교수라고 하고 이

60) 원서의 차례에는 '심의 발육'으로만 표기되어 있다. 〈역주〉
61) 器能 〈원문〉 이 항목에서 '기능'은 모두 각 감각기관의 능력을 뜻한다. '어떤 구실이나 작용을 한다'는 뜻을 지닌 '機能'과 구별해서 이해해야 한다. 〈역주〉
62) 成育 〈원문〉
63) 開展 〈원문〉

른바 인위 경험이라고 부른다. 자연 경험, 인위 경험, 유한 경험[64]을 막론하고 경험은 자기 일생에만 그치지 않고 여러 세대에 걸쳐 쌓인다. 그러면 곧 제반 경험에 진화가 이루어져 마음이라는 것에 큰 유익을 주게 된다. 이것은 발육에서 논의의 여지 없이 명확한 것이다.[65]

발육[66]의 의의

발육에는 비록 여러 가지 원리와 방법[67]이 있지만, 그 자연 발달의 순서를 따라서 감각과 지각 등 단순한 것에서 점차 감정과 의지[68] 등 복잡한 것으로 나아가야 완전해질 수 있다. 이러한 발육법은 자연적인 것과 인위적인 것으로 구분된다. 인위교육법은 의학계의 교육[69]에서 맡아야 할 임무이다.

---

64) 自然經驗 人爲經驗 有限經驗 〈원문〉

65) 발육의 과정에서 다양한 경험이 축적되면서 더 좋은 상태로 진화해 간다는 점을 시사하고 있다. 〈역주〉

66) 이 책에서 '발육'은 문맥에 따라 발달, 양육 혹은 교육 등 여러 가지 의미로 사용되고 있다. 〈역주〉

67) 理法 〈원문〉

68) 情意 〈원문〉

69) 醫家教育 〈원문〉

유전의 의의

유전이란 선조의 경험을 물려받아 습관이 된 것이다. 유전의 힘이 교육에 큰 관계가 있다는 것은 우리가 일찍부터 알고 있는 바이다. 예를 들면, 이학자[70]의 자손이 이학에 통달하고, 충신 효자의 자손이 충효를 지키는 것과 같다. 그러므로 학부형들은 수 세대에 걸쳐 자기 자신을 개량해 가면서 자손에게 자신을 물려주는 교육[71]을 하고 있다는 이치를 마땅히 알아야 한다. 설령 자손이 교육을 받지 못했을지라도 이미 부모로부터 신체를 물려받은 것이니 어찌 부모와 선조의 은혜를 잊을 수 있겠는가.

어린아이의 의지

의지란 도리력[72]과 같아서 원래 인류에게 특유한 것이며 일과 사업[73]에 적합한 작용이다. 그래서 인간만이[74] 지닌 여러 가지 심력을 독자적으로 운용한다. 그런데 아동은 비록 스스로 결단해서 행동할지라도 이를 순전히 의지라고 부를 수 없다. 왜냐하면 그것에는

---

70) 理學者 〈원문〉 과학자와 비슷한 말이다. 〈역주〉

71) 禪己教育 〈원문〉

72) 道理力 〈원문〉 도덕성과 비슷한 말로 쓰인 것 같다. 〈역주〉

73) 事功 〈원문〉

74) 人耳 〈원문〉 여기서 '耳'는 '뿐'이라는 뜻으로 쓰였다. 〈역주〉

반성력에 따른 판단이 결여되어 있기 때문이다. 의지를 연습하는 수단에 혹시나 간혹 잘못이 있을까 염려스럽기 때문에 다음에 한두 가지 예를 서술하고자 한다.

아동의 자연성[75]

칸트 씨[76]는 부모가 어린아이가 요구하는 것을 거절하면 이는 정말 잘못이라고 말하였다. 아동은 친애하는 부모에 의지해서 자기가 바라는 것을 얻고자 하는 것이 대개 자연스러운 성질이다. 그런데도 무리하게 이를 거절하면 도리에 어긋난 행동이 심해지는 것이다. 하지만 아동이 바라는 바를 모두 충족시켜 주려고 한다면 차의 독성[77]과 같은 성질을 물리쳐야 한다.[78] **'자연'[79]이라는 것은 비록 귀하다고 말할 수 있으나, 또한 부모와 엄한 스승의 명령을 확실히 지키게 해서** 일체의 행위에 주의하고, 경솔히 지나치게 해서는 안 된다.

---

75) 원서의 차례에는 '어린아이의 자연성'으로 표기되어 있다. 〈역주〉

76) 간도 씨는 앞을 보시오. 〈원주〉

77) 茶毒 〈원문〉

78) 부모는 아동의 요구를 수용하되 차의 독성과 같이 쓸데없거나 부정적인 것은 물리쳐야 한다는 점을 시사하고 있다. 〈역주〉

79) 사랑하는 부모에 의지해서 자기의 요구를 충족하고자 하는 자연적 본성을 지칭한다. 강조는 역자. 〈역주〉

아동의 기반법[80)]

루소 씨[81)]는 자연력이 인간에게 부여한 바, 즉 고난의 굴레가 있다는 것을 아동에게 일찍이 알게 해서 오만한 심의를 느끼게 할 수 있다고 말했다. 즉, 이는 엄중한 굴레가 필요하다고 말한 것이다. 대개 이러한 굴레라는 것은 무릇 사람들이 불가불 복종하지 않을 수 없는 것이다.

의지 교육[82)]

의지를 수련하는 것은 피상적으로 보면 가정교육이 학교교육보다 더 우수한 것 같지만, 학교는 규율[83)]이 엄정하고 가정은 명령이 부드럽기[84)] 때문에 학교교육이 의지 교육에 더 적당할 것이다. 넷가 여사[85)]는 말하길, 학교교육은 아동의 성질을 강건하게 하고

---

80) 羈絆法 〈원문〉 '기반'은 굴레라는 뜻이다. 그리고 원서의 차례에는 '어린아이의 기반법'으로 표기되어 있다. 〈역주〉
81) 루우쇼 씨는 앞을 보시오. 〈원주〉
82) 意思 教育 〈원문〉
83) 紀律 〈원문〉
84) 柔和 〈원문〉 부드럽고 온화함을 의미한다. 〈역주〉
85) 넷가 여사와 가우제 씨는 출생국이 미상이다. 〈원주〉

덕의[86]와 정력을 발달시켜서 뚜렷하게 기여할[87] 것이라고 하였다. 그러나 의지 교육은 단지 학교에 입학한 이후에 완성되는 것은 아니다. 대체로 인간의 성질과 품성이 완전해지려면 오직 사회에서 실무를 담당하고 직접 생활을 접해 봐야 한다. 경험은 진정한 의지를 기르는 학교라고 부를 수 있다. 그렇지만 의지 교육은 가장 어려운 것이니 어떻게 하면 좋은가? 가우제 씨는 말하기를, 우리가 불가불 올바르지 않으면 안 되게 하는 것이 곧 의지라고 하였다.[88] 무릇 인간의 의지는 미약한 자로 하여금 강하게 살게 하며[89] 포악한 자로 하여금 인자하고 현명하게 살게[90] 한다.

칸트의 의지론

칸트 씨[91]는 의지론에서 천지에 무한히 선한 것이 있다고 하며, 이를 일컬어 선의지[92]라고 하였다. 재지,[93] 총명, 단정과 기타 지

---

86) 德義 〈원문〉

87) 明亮之利益 〈원문〉 직역하면 '분명한 이익'이 된다는 뜻이다. 〈역주〉

88) 스스로 올바르게 살고자 하는 의지가 중요하다는 점을 말하고 있다. 〈역주〉

89) 生强硬 〈원문〉

90) 生仁賢 〈원문〉

91) 간도 씨는 앞을 보시오. 〈원주〉

92) 善良 意思 〈원문〉 이는 칸트의 선의지(good will)이다. 그는 『윤리형이상학 정초』에서 '선의지'라는 것은 이 세계 내에서, 그리고 이 세계 밖에서조차도 유일하게 그 자체로 아무런 제한 없이 선하다고 생각될 수 있는 것이라고 정의하였다. 〈역주〉

93) 才智 〈원문〉

력상의 자질 및 강용,[94] 결단, 견인,[95] 절제와 같은 것들은 여러 가지 관계에서 보건대, 모두 선하며 사람들이 희구하는 성질이다. 그런데 이러한 것들을 사용하고 또 덕성이라 불리는 것들을 중심으로 해서 구성된 의지가 선하지 않으면, 이것은 하늘에서 내린 덕성 그 자체가 극히 사악하고 극히 유해한 것이다. 선의지에 있어서 관계 및 결과가 선하지 않으면 의지의 물[96]이라고 불리는 것 자체에 선함이 없는 것이다.

94) 剛勇 〈원문〉 굳세고 용감함을 의미한다. 〈역주〉
95) 堅忍 〈원문〉 강한 인내를 뜻한다. 〈역주〉
96) 物 〈원문〉

제5장
덕육 본론

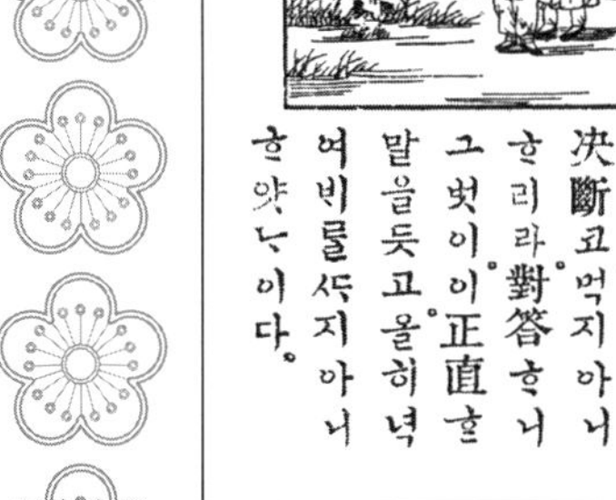

第十九課 正直ᄒᆞᆫ兒孩

朴正福이란兒孩가。ᄒᆞᆫ벗과同行ᄒᆞ야還家ᄒᆞᆯᄉᆡ이ᄯᅢᄂᆞᆫ。ᄒᆡ가저믈고。往來ᄒᆞᄂᆞᆫᄉᆞᄅᆞᆷ도업고。또시장ᄒᆞᆫ지라。맛춤。路傍에梨樹ㅣ잇셔ᄇᆡ가。만이열녀거ᄂᆞᆯ그벗이。말ᄒᆞ되ᄇᆡ를ᄯᅡ셔饒飢ᄒᆞᄌᆞᄒᆞᆫᄃᆡ正福이갈오ᄃᆡ바록볼ᄉᆞᄅᆞᆷ은업스나남의거ᄉᆞᆯ몰ᄂᆡ먹기ᄂᆞᆫ올치아니ᄒᆞ니나ᄂᆞᆫ。아모리시장ᄒᆞ야도。決斷코먹지아니ᄒᆞ리라。對答ᄒᆞ니그벗이。이正直ᄒᆞᆫ말을듯고。올히녀여ᄇᆡ를ᄯᅡ지아니ᄒᆞ얏ᄂᆞ이다。

[신정심상소학(학부편집국 편, 1896) 중 '정직한 아이']

인생의 본분

인생에 덕과 의[1]의 본성이 없는 것이 아니건만, 간혹 외부의 사물에 가려서 그 동작[2]이 도리에 맞지 않는 것이 있으니 어찌 이를 교육하지 않을 수 있겠는가. 사람이 불가불 수양해야 하는 것은 하늘이 내린 직분이니, 도덕이란 것은 우리의 직분에 속하는 학문이다. 원래 도덕의 학문은 동서고금을 막론하고 두 가지 도가 있는 것이 아니어서 오랜 세월 동안[3] 바뀌지 않는다. 오직 그 표준이 될 만한 학자들의 논의가 여러 종류가 있을 뿐이다. 바꾸어 말하면, 그것은 연령, 신분, 직업, 남녀, 노소, 성질 등으로 인해 나누어지고 변할 수 있는 것이 아니다. 세상에는 비록 도덕의 개량을 논의하는 사람이 있으나, 도덕이란 개량할 수 있는 것이 아니며 발달시킬 수 있는 것이다. 그러므로 교육자가 그 도덕을 발달시키고 확충시켜서 사회의 풍속을 개량한다면 국가의 융성을 기약할 수 있다.

덕육의 세 가지 능력

지육심리학과 체육심리학이 가장 필요하지만, 오직 덕육은 윤

1) 德義 〈원문〉
2) 其動作 〈원문〉 덕과 의를 지향하는 본성의 작동을 말한 것이다. 〈역주〉
3) 萬世 〈원문〉

리학과 도덕원론을 포괄한다. 그래서 그 능력이 세 가지에 이른다. 첫째는 감정적 능력으로서 착한 것을 매우 사랑하는[4] 감정이며, 둘째는 지력적 능력으로서 선과 악, 덕과 부덕의 관념이고, 셋째는 의지적 능력으로서 선을 알면 곧 스스로 결행하는 능력이다. 그러므로 도덕교육이라는 것은 과거와 현재, 위와 아래를 관통하는 것으로 비록 그 목적은 원대하지만 그 교수 법칙은 하나의 작은 부분에 불과하다. 학교교육이 필요한 이유는 생도의 지식 증가에 있는 것이 아니라 그 의지[5]를 수련하는 데 있다. 그러므로 천만 번 교육칙어 조항을 알리고 보이더라도[6] 아직 부족하다. 덕육의 근본은 증명을 주관하는 것이 아니라 감동을 주관하는 것이다. 그러므로 마땅히 고상한 정서로 말미암아 덕을 행하는 데 이르게 해야 한다. 그러나 특히 소학교에선 덕육이 실로 앞서는 학과가 아니고[7] (효과를 거두기 위해선) 기술을 개발[8]하는 것이 필요하다.

아동의 도덕심

아동의 도덕심[9]은 바로 하늘이 내려 준 도덕적 관념으로 선악을

---

4) 愛着 〈원문〉
5) 意思 〈원문〉 의지를 뜻한다. 〈역주〉
6) 戒示 〈원문〉
7) 實非所先之學科 〈원문〉 덕육 관련 과목이 실제로 소학교에서 수위 과목이 아님을 시사한다. 〈역주〉
8) 開達 〈원문〉
9) 道德心 〈원문〉 오늘날 도덕성과 같은 말이다. 〈역주〉

분별할 수 있는 것이다. 그러면 언제부터 그러한가? 베루수 씨는 아동이 태어난 지 6~7개월이면 모두 객관적인 선악 관념을 갖는다고 말하고, 다인 씨[10]는 아동이 생후 13개월이면 이미 도덕심이 있다고 말한다. 두 사람의 논의가 비록 격언이긴 하지만, 2~3세의 아동은 선악 관념을 분별할 수 없다. 가령 3년 8개월 된 아동과 만 4세 아동에게 시험 삼아 "네 부모가 돌아가시면 어떻겠니?"라고 물으면, 아동들은 틀림없이 "나쁘다."라고 말한다. 또 "왜 나쁘니?"라고 물으면, 한 아동은 "한 이불 속에서 잠잘 수 없어서"[11]라고 말하고, 또 한 아동은 "의복을 줄 사람이 없어서"라고 말할 것이다. 다시 말하기를 "나는 너와 함께 잠잘 수 있고 의복도 공급해 줄 수 있다."라고 하면, 이에 아동은 "부모님이 비록 돌아가셨지만 꼭 생각나지는 않는다."라고 말할 것이다.

이와 같은 예는 매우 많기 때문에 백 번 생각해 보아도 아동은 6세가 되기 전에는 도덕 관념이 싹트지 않음을 알 수 있다. 하지만 그 싹[12]의 시초는 태아기에 형성되므로 오로지 그 개발 방법, 곧 아동교육을 마땅히 깊이 실시해야 한다. 아동은 오직 자기의 쾌락과 이익을 추구하며 모방적 도덕심 이외에는 갖고 있지 않다. 그러니 만약 (아동이) 그 총명하고 원대한[13] 양심으로부터 너무 멀리 떨어져 있어서 교육을 실시하기 곤란하면 아동을 견주어 깨우쳐[14] 줄 수 없다.

---

10) 베루수 씨와 다인 씨는 출생국이 미상이다. 〈원문〉

11) 不得同衾 〈원문〉 同衾은 동침과 같은 뜻이다. 〈역주〉

12) 芽萌 〈원문〉

13) 深遠 〈원문〉

14) 比喩 〈원문〉 '비유'란 말은 원래 다른 비슷한 현상이나 사물에 빗대어서 설명하

그러므로 덕업이 올바른[15] 선비는 능히 아동의 천성을 관찰하여 교육하면 좋은 효과를 얻을 수 있다.

역사적 교훈

동양의 국가들에는 역사상 모범이 될 만한 것이 특히 풍부하다. 경험을 통해 보면 연극과 유기,[16] 속곡,[17] 도화에도 능히 충효의 증표[18]가 존재하였다. 하물며 정사[19]에서 찾아보면 그 덕을 기를 수 있는 사적[20]이 충분히 많을 것이다. 부랏기 씨[21]는 고상한 성질을 조성하려고 하면 마땅히 위인 호걸을 상상해서 그리게 해야 한다고 말했다. 그러니 오직 사라지지 않는 형적[22]과 과거의 사정과 지금 사람들에게 모범이 될 수 있는 것들이 적지 않다.

는 일을 뜻하나, 여기서는 글자 하나하나의 뜻으로 해석하였다. 〈역주〉

15) 德業方正 〈원문〉

16) 遊技 〈원문〉 오락으로 하는 놀이나 운동을 뜻한다. 〈역주〉

17) 俗曲 〈원문〉 민간에 유행하는 노래를 뜻한다. 〈역주〉

18) 表識 〈원문〉 標識(표지)와 같은 뜻으로 쓰였다. 〈역주〉

19) 正史 〈원문〉

20) 事蹟 〈원문〉 '事跡'과 같은 뜻으로 사업이나 사건의 발자취를 의미한다. 〈역주〉

21) 부랏기 씨는 출생국이 미상이다. 〈원주〉

22) 形跡 〈원문〉 '남은 흔적'을 뜻한다. 〈역주〉

여러 학문 진보의 기초

대체로 이론에 따라 말하고 실지에 따라 말하건대, 현존하는 사람을 모범으로 삼고 그 모범이 된 사람이 완전하면 그 효력은 절대적이다. 그러므로 식물학을 배우는 사람은 반드시 식물의 종류를 관찰하고, 동물학을 배우는 사람은 반드시 동물의 종류를 관찰하며, 화학을 배우는 사람은 화합물을 분석하며, 지학을 배우는 사람은 반드시 지형을 관찰하고, 덕을 기르고자 하는 사람은 반드시 덕망이 있는 스승을 따르며 의로운 친구를 사귄다. 동물학자가 동식물을 관찰하고 화학자가 물질을 화합하고 분석하는 일에서 정신을 응집[23]시켜 관찰을 게을리하지 않으면 부지불식간에 반드시 유덕한 사람[24]이 될 것이다. (유덕한 사람은) 의복의 종류와 신체의 태도, 언어 진퇴의 기교,[25] 동작과 멈춤의 절제 있는 조율[26]에서 유덕한 형상이 밖으로 넘쳐나지 않을 수 없으니[27] 항상 그 사람 곁에 있으면 어찌 그 덕에 감화되지 않겠는가. 그러므로 학계에서 가장 귀중한 것은 차라리 교사를 숭상하는[28] 것이다. 만약 교육의 이치를

---

23) 凝聚 〈원문〉 '응집'과 동일한 말이다. 〈역주〉

24) 有德之人 〈원문〉

25) 機 〈원문〉

26) 周旋 〈원문〉

27) 덕망이 있는 사람은 말해야 할 때와 그렇지 않을 때를 잘 분별하고 움직임과 멈춤을 절제 있게 조율한다는 뜻이다. 〈역주〉

28) 無尙于教師 〈원문〉 여기서 '無'는 '없다' '아니다'가 아니라 '차라리'라는 뜻으로 쓰였다. 〈역주〉

논한다고 하면, 가장 먼저 생각할 일은 유덕한 교사를 택하여 생도를 훈도[29]하는 것이다.

스승을 택하는 길[30]

성현의 모범을 우러러 보고[31] 덕문[32]에 들어가고자 하는 사람은 비록 높고 멀어 보일지라도 교육의 목적이 참으로 이것에 있으니 이를 연습하지 않을 수 없음은 분명하다. 설령 친애와 인혜[33]의 감정, 양심의 발육 방법, 의지 및 덕행의 진보를 자세히 연구하더라도 그 스승을 얻지 못하면 목적을 달성할 수 없다. 그러므로 (스승에게서) 널리 배우고 모난 데가 없어서[34] 점점 더 진보하고 더 연구하는 것이 최고의 도리이며 가장 귀한 생각이다. 그래서 그 정서가 혼합되어 생겨나는 마음은 바로 진리를 사랑하고, 미를 좋아하고 선을 숭상하며, 종교를 공경하는 것이다.

---

29) 薫陶 〈원문〉 덕으로 품성이나 도덕 등을 가르치고 기른다는 뜻이다. 〈역주〉

30) '여러 학문 진보의 기초'와 '스승을 택하는 길'에서 덕을 지닌 교사의 중요성을 무엇보다도 강조하고 있다. 덕육 혹은 도덕교육에서 덕을 지닌 교사가 모델로서 학생들에게 가장 큰 영향을 미친다는 것이다. 오늘날 프로그램 위주로 돌아가는 인성교육과 도덕교육 등을 생각해 볼 때, 개화기에 교사와 스승의 중요성을 역설하는 저자의 외침을 새롭게 되새겨 볼 필요가 있다. 〈역주〉

31) 景仰 〈원문〉 덕망이나 인품을 사모하여 우러러본다는 뜻이다. 〈역주〉

32) 德門 〈원문〉

33) 仁惠 〈원문〉 어질고 은혜롭다는 의미이다. 〈역주〉

34) 博學無方 〈원문〉

진실을 사랑하는 정서의 근본

진실을 사랑하는 정서에는 차등의 구별이 있어서 오로지 속임수와 거짓[35]을 두려워만 하는 것은 참으로 열등한 것에 속하고, 도리를 탐구하고 거짓과 허위[36]를 배척하는 것은 고등 영역으로 나아간 것이다. 베인 씨[37]는 진실, 정의, 인혜[38]가 근본적인 세 가지 큰 덕이라고 말하였다. 그러므로 그 진실을 수양하고자 하면 진실의 사례를 보이는 것보다 더 좋은 것은 없다. 옛지우오수 여사[39]는 정의와 진실이라는 것은 아동교육의 가장 좋은 방책이라고 말하였다. 그러나 아동은 진실의 실례를 드는 것에 만족하지는 않는다. 그 진실을 검증하고 살필 때에 부모와 교사된 사람은 마땅히 삼가고 조심해야[40] 한다. 만약 (부모와 교사가) 그 일을 천착해서 명확하게 하지 못하고 또 은닉해서 그 거짓을 밝히지 못하면, 아동은 도리어 그 은닉한 것에 화를 내게 되어 그가 장래에 진실을 행함에 해를 미치게[41] 될 것이다. 그러니 어찌 두렵지 않으며 살피지 않을 수 있겠는가.

---

35) 詐僞 〈원문〉
36) 假虛 〈원문〉
37) 베인 씨는 앞을 보시오. 〈원주〉
38) 仁惠 〈원문〉
39) 옛지우오수 여사는 출생국이 미상이다. 〈원주〉
40) 勤愼戒 〈원문〉
41) 釀成 〈원문〉 원래 술, 간장 따위를 빚어 만든다는 뜻인데, 여기선 피해를 만들어 키운다는 의미이다. 〈역주〉

아동의 진실을 검증하고 살피는 방법

허언[42]을 교정하는 방법에 대해 마리온 씨[43]가 말하길, 아동이 한 번 허언을 하면 그것을 믿지 말고 아동이 말한 바를 그 친구의 말에 의거해 그렇지 않다는 뜻을 증명하면 되고, 만약 그 엄숙하고 비탄의 말소리가 싫어서 금지하지 못하고[44] 허언을 믿어 버리면 큰 잘못을 면하기 어렵다고 하였다. 그러므로 반드시 올바른[45] 스승과 친구의 말로써 훈계하고 인도하여서 깊이 믿는 이유를 밝히고, 이를 간절히 설명하여 스스로 후회하도록 해야 한다. 이러한 조치를 모두 다 취해서 항거하는 아동을 훈계한다면 감화의 목적을 달성할 수 있다. 하지만 이상에서 서술한 것은 단지 자기가 아는 진실을 말하는 것에 불과하므로 크게 탐구의 수준에 이른 것은 아니다.

42) 虛言 〈원문〉 거짓말을 의미한다. 〈역주〉
43) 마리온 씨는 프랑스의 현인이다. 〈원주〉
44) 아동들이 진지하고 슬픈 목소리로 거짓말을 하면 부모들이 이를 막지 않는다는 의미이다. 〈역주〉
45) 正大 〈원문〉

진실의 탐구법[46)]

진실의 탐구법은 먼저 아동의 호기심을 도와주는 힘이 필요하다. 만약 아동이 호기심을 갖고 역사서 읽기를 좋아하면 마땅히 그 좋아하는 것에 의지해서, 즉 역사로써 교수한다. 그다음에 거짓[47)]을 배척하고 진실의 영역을 탐구하게 함으로써 사상력[48)]을 적합하게 갖추어 곤란한 일에서 잘못이 없게 하며, 스스로 분석할 수 있고[49)] 스스로 논증할 수 있게 한다. 또한 비평적 사상을 익히고 숙달해서 그것을 열심히 강구하게 하면 의미가 명백해져서 자기의 주장을 가지고 말로 표현할 수 있는 습관이 형성된다. 이렇게 해서 마땅히 수학, 기하학, 논리학 등으로부터 진리학[50)]을 사랑하는 데까지 이르도록 해야 한다.

---

46) 앞에서 진실을 사랑하는 정서에는 차등이 있다고 하였다. '진실의 탐구법'에서는 단순히 진실을 말하고 진실되게 행동하는 낮은 차원을 넘어서 거짓과 허위를 배척하고 스스로 진실을 탐구하는 능력을 기르는 것이 필요하다고 역설하였다. 그래서 종국에는 '진리학'을 사랑하는 데까지 이르도록 해야 한다고 주장한다. 〈역주〉

47) 假說 〈원문〉 변인들 간의 관계에 대한 가정적 서술을 말하는 것이 아니라, 진실(참)에 대비되는 거짓을 지칭하기 위해 쓰인 말이다. 〈역주〉

48) 思想力 〈원문〉

49) 咀嚼 〈원문〉 음식물을 씹는다는 의미로 자료를 조작하고 분석하는 능력을 지칭한다. 〈역주〉

50) 眞理學 〈원문〉 진리를 탐구하는 학문 자체를 뜻하는 것으로 보인다. 〈역주〉

심미의 이치

심미[51]가 어떤 것인지 알고자 한다면 불가불 심미학을 배워야 하는데, 심미학이란 무엇인가? 그것은 교육상 미가 귀중하다는 것을 아는 것 이외의 다른 것이 아니다. 소위 미란 무엇인가? 이는 말하기 어려운 것이라고 말한다. 대개 '미'라는 것은 천연물 및 인공물로부터 나와서 우리의 눈과 귀에 닿는 것으로 그 미묘한 맛과 멋에[52] 이름을 붙여 비유하기 힘들다. 참으로 고상하고 그윽하고 우아하여[53] 아동이 이를 알지 못할지라도 그 또한 느낄 수는 있다. 그래서 아동은 아름답고 화려한 도화를 좋아하고 농염[54]한 화초[55]를 보고 기뻐하는 것이다. 교육을 통해 완전한 상태로 나아가게 하려면 마땅히 아동의 이러한 자연적 성질을 수련해야 한다. 자연이란 것은 원래 인류의 본성이며, 천지자연의 오묘한 미는 모든 미를 측량하는 마음을 만든다.[56] 문학상의 아취[57]는 우아하고 아름다운 기호심[58]이 되며, 음악의 풍운[59]은 미감을 조성한다. 이러한

51) 審美 〈원문〉 아름다움을 살펴 찾는다는 뜻이다. 〈역주〉
52) 趣味 〈원문〉
53) 幽雅 〈원문〉
54) 艶濃 〈원문〉 한껏 무르익은 아름다움을 뜻한다. 〈역주〉
55) 花卉 〈원문〉
56) 자연의 아름다움으로부터 다양한 아름다움을 평가할 수 있는 마음이 형성된다는 의미이다. 〈역주〉
57) 雅趣 〈원문〉 우아한 정취나 취미를 말한다. 〈역주〉
58) 嗜好心 〈원문〉 즐기고 좋아하는 마음을 말한다. 〈역주〉
59) 風韻 〈원문〉 풍류와 운치를 말한다. 〈역주〉

미육[60)]의 덕성이 발현되어서 모조를 감정하는 것과 기술을 감상하는 것과 풍치[61)]라는 것에 그 본성[62)]이 나타나도록 돕는다.

미육의 의의와 선의 숭상

플라톤 씨[63)]는 우리는 그 재지[64)]의 힘으로 인해 불가불 미려함과 아치[65)]와 우주의 무궁한 기술을 구하게 마련이라고 말하였다. 그러니 (연소자가) 이를 구하는 것은 그가 무해하고 건전한 곳에 산다는 것을 보여 준다. 그 고상한 하늘의 조화로 흘러나온 활기가 눈과 귀에 들어와 사방[66)]을 그대로 받아들여 빨아들인다. 소위 선이란 그 처음 명명의 시기[67)]로부터 (사람들이 점차) 모방하고 본받기를 좋아하고 사랑하여[68)] 도리와 진리의 아름다움이 조화를 이룬 상태이다. 또 마리온 씨는 말하길, 미의 본성은 질서와 조화라고 하였다. 이것은 아동교육에서 비할 데 없이 가치 있는 것이다. 그

---

60) 美育 〈원문〉 덕육에 미육을 포함시켜 논의함으로써 삼육의 틀을 유지하고 있다. 〈역주〉

61) 風致 〈원문〉 격에 맞는 멋 〈역주〉

62) 道性 〈원문〉 미를 좋아하고 즐기는 인간의 본성을 지칭한다. 〈역주〉

63) 부라도 씨는 고대 그리스의 현인이다. 〈원주〉

64) 才智 〈원문〉 재능과 지혜를 뜻한다. 〈역주〉

65) 雅致 〈원문〉 아담하고 격에 맞는 멋을 말한다. 〈역주〉

66) 四圍 〈원문〉

67) 冥冥之間 〈원문〉 아득하고 어두운 시기로서, 감각과 지력이 아직 발달하지 못한 어린 시기를 말한다. 〈역주〉

68) 摸倣好愛 〈원문〉

근원[69]은 상상 및 지력 작용에 있을지라도 그것은 심정 작용[70]으로 전환하여 다시 우미하고 아치가 있는 겉모습으로 표현된다. 그래서 그 운동은 균형 있고 정연하게[71] 발현된다고 말하는 것이다.

선량한 기호[72]란 자중 자존하는[73] 형상을 나타내며, 미술은 인간 쾌락의 원천이므로 어찌 인간의 쾌락을 하루라도 떠날 수 있겠는가. 미술이 주는 청순한 쾌락은 정신의 번뇌와 부패를 크게 줄여서 사업을 성취하게 하는 큰 스승이 된다. 스튜어트 밀 씨[74]는 말하길, 과학 사상이 풍부하며 진리의 빛[75]으로 인해 문질이 빈빈한[76] 사람은 미술의 쾌락을 느끼지 않을 수 없다고 하였다. 이것은 비록 철학자의 말이지만, 다만 소학교에서는 특별히 부과할 것은 아니다.[77] 도화와 기구의 배치, 음악의 연습, 기옥의 청결, 박물관 진열품의 참관, 봄날 제방의 농염한 벚나무와 가녀린 버드나무, 황금색 화초, 붉은 물결의 복숭아꽃, 가을 하늘의 은빛 달, 새와 메뚜기 소리를 통해 직접적이거나 간접적인 것을 막론하고 (미감을) 발육하고 함양하지 않으면 안 된다. 이를 미육이라 할 수 있다.

---

69) 미의 근원을 말한다. 〈역주〉

70) 心情 作用 〈원문〉

71) 均齊整一 〈원문〉

72) 嗜好 〈원문〉 미를 즐기고 좋아함을 뜻한다. 〈역주〉

73) 自重自尊 〈원문〉 자기를 존중하는 마음을 지칭한다. 〈역주〉

74) 수쥬아도미루 씨는 영국의 철학자이다. 〈원주〉 공리주의를 주창한 영국의 철학자 존 스튜어트 밀(John Stuart Mill, 1806~1873)을 지칭한다. 〈역주〉

75) 光輝 〈원문〉 아름답게 반짝이는 빛을 말한다. 〈역주〉

76) 文質彬彬 〈원문〉 외견이 좋고 내용이 충실하여 조화를 잘 이룬 상태를 말한다. 〈역주〉

77) 특별한 과목에서 가르치지 않는다는 의미이다. 〈역주〉

종교 공경의 의의

천하에 4대 종교가 있으니, 첫째는 유교요, 둘째는 불교요, 셋째는 천주교요, 넷째는 이슬람교[78]이다. 유교는 요순, 우탕, 문무, 주공, 공자로 전해지는 도이고, 불교는 석가모니[79]로부터 전해 오는 도이며, 소위 천주교는 예수를 비조[80]로 한다. 예수는 한나라 애제 원수 원년[81]에 태어나, 성장해서는 유럽에서 교법을 행하여[82] 오늘날 천주교는 여러 나라에 퍼져 있다. 소위 이슬람교는 마호메트[83]가 비조이며, 마호메트는 진나라 선제 대건 2년에[84] 태어나 아시아와 인도 사이에서 교법을 행하였다. 무릇 세계 만국의 종교가 같고 다름은 천지자연의 도리이니, 오직 자기 나라의 종교를 공경하고 수련하며 이와 함께 세계 문명의 풍속을 행하면 자연히 부강의 도가 될 것이다.

---

78) 回回 〈원문〉

79) 瞿曇 〈원문〉 도를 닦아 이루기 전의 석가를 이르는 말이다. 〈역주〉

80) 鼻祖 〈원문〉

81) 원수(元壽)는 전한의 황제 애제(哀帝)의 두 번째 연호이다. 애제 원수 원년은 B.C. 2년이다. 예수는 B.C. 4년에 태어났다는 설도 있다. 〈역주〉

82) 예수가 유럽에서 교법을 행했다는 서술은 오류이다. 예수의 사후에 그의 제자들이 유럽에서 포교 활동을 벌였다. 〈역주〉

83) 馬啥默 〈원문〉

84) 대건(大建)은 중국 남조의 진(陳)나라 선제(宣帝)의 연호로 기간은 569~582년이다. 대건 2년은 서기 570년이다. 〈역주〉

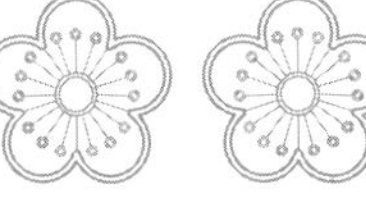

제6장

체육론

[한말 영화학교 병식체조]

체육의 의의

신체를 허약[1]의 폐단에 이르지 않게 하고 건강한 기운을 발달시킨 이후에야 충군 우국의 뜻과 부모를 사랑하고 어른을 공경하는[2] 도와 기타 일평생 천만 사업을 성취할 수 있다. 그러므로 체육은 우리가 마땅히 배우지 않으면 안 되는 것이다. 위생, 생리 및 해부, 조직 등의 학문이 그것이다. 이를 상세히 설명하기는 어렵고 다음에서 간략히 서술하고자 한다.

두경[3] 및 인후의 위치

사람은 모두 머리가 있고 그 가운데에 피육[4]에 덮여서 뇌수를 감싸는 머리뼈가 있다. 머리뼈는 머리와 목에 위치하며 등뼈[5]에 서로 연결된다. 목 위쪽에 인후가 있어서 두 기관으로 나뉘는데, 하나는 기관[6]이고 다른 하나는 식도이다. 이것들이 무수히 많은 근육

---

1) 尫弱 〈원문〉
2) 愛親敬長 〈원문〉
3) 頭頸 〈원문〉 두경은 머리와 목 〈역주〉
4) 皮肉 〈원문〉
5) 脊項 〈원문〉 척항은 등뼈 부분 〈역주〉
6) 氣管 〈원문〉

으로 다 덮여 있으며, 등골뼈[7] 전면에 목과 어깨가 수평으로 함께 닿아 있어 몸의 대강[8]과 통하며 그 상부의 뼈와도 먼저 통한다.

기관과 식도의 구별

기관은 폐에서 멈추지만, 식도는 직선으로 뼈를 지나 등골뼈에 가까이 붙어서 횡경막의 작은 구멍을 지난 후에 배에 도달하고, 위에 이르러 확장하고 다시 협소한 배가 되어 휘어진 뒤에 멈춘다.[9]

손과 발의 운용

손과 발은 몸통에 붙어 있어 빈 곳이 없고 좌우에 두 개가 있다. 기타 내장, 신장, 폐도 각각 두 개로 나뉘어 있다. 하지만 오직 머리와 척수[10]는 한 개씩 있어 좌우가 동일한 형상을 하고 좌측과 우측이 각각 독립하여 운동한다.

---

7) 脊梁 〈원문〉

8) 大腔 〈원문〉 크게 빈 몸의 공간을 말한다. 〈역주〉

9) 위를 통과한 부분까지 식도에 포함시키고 있다. 이는 오늘날 식도의 구조와는 좀 다르다. 식도는 인두와 위 사이를 연결해 주는 기관으로 인식된다. 〈역주〉

10) 頭脊髓 〈원문〉

골절이 연접한 형상

골격은 각각 독립해 있는 물질이 아니라 서로 이어지고 당기며 근육을 조직한다. 그래서 그 뼈와 뼈가 서로 유지하는 것을 이름하여 관절[11]이라 부른다. 관절 부분은 인대와 섬유대[12]가 있어서 혹시 충격을 받아도 부러지거나 상처[13]를 받지 않는다. 하지만 운동이 지나치게 심하면 인대가 손상되어 혹 세균[14]과 선병[15]이 생기고, 낮고 작은 책상에 기대어 오랫동안 신체를 구부리면 몸이 구부러져 다시 치료하기 어렵다. 그러므로 병이 있는 사람은 마땅히 좋은 약을 복용해 이를 치료하고, 신체를 구부려 일을 하는 사람은 때때로 운동을 해야 한다. 현재 교실[16]에서 낮고 작은 책상에 기대는 경우가 적지 않으니 걱정할 만한 일이다. 그러므로 책상의 형태, 길이와 높이[17]를 관리서부[18]에 기록해야 한다.

---

11) 關節 〈원문〉
12) 纖維帶 〈원문〉
13) 傷創 〈원문〉
14) 黴毒 〈원문〉
15) 腺病 〈원문〉 결핵균에 의하여 피부에 통증이 없는 결절이나 궤양이 생기는 병을 이른다. 〈역주〉
16) 校舍 〈원문〉
17) 長短高低 〈원문〉
18) 管理書部 〈원문〉 일종의 관리대장을 지칭한 것이나. 〈역주〉

체조의 효능

정신을 발양하는 것이 (체육에서) 가장 유효하다. 그러니 수영,[19] 스케이트,[20] 수렵, 박물채집과 같은 유희[21]는 여기서 상술할 경황이 없지만, 특별히 소학교에서 적절한 유희법은 위험하지 않은 체조가 좋을 것이다. 체조는 운동 목적뿐만 아니라 규율을 바르게 하고 용기를 북돋워서 애국의 지기[22]를 발달시킨다.

음식의 조리

먹는 것은 쌀과 보리, 소고기, 우유, 생선, 야채 종류가 맛을 내기에 가장 적합하다. 여름에는 보리밥과 야채류를 늘리고 겨울에는 기장밥[23]과 소고기류를 늘리면 좋다. 오늘날 우리 동양 여러 나라에서 쓰는 재료가 모두 다 인류가 먹기에 적합하지 않은 것은 아니지만, 구약나물[24]과 연초 및 다량의 주정은 유해할 뿐 유익하지 않

19) 水泅 〈원문〉
20) 冰靴 〈원문〉
21) 遊戲 〈원문〉 각종 놀이와 운동을 포괄하는 용어이다. 〈역주〉
22) 志氣 〈원문〉
23) 黍飯 〈원문〉
24) 蒟蒻 〈원문〉 천남성(天南星)과의 여러해살이풀로서 원산지는 인도, 스리랑카이며 한국, 일본, 중국 등지에 분포한다. 〈역주〉

다. 또한 차가운 물과 뜨겁게 끓는 탕을 먹는 것은 당연히 매우 좋지 않으니 반드시 조리법에 주의해야 한다. 소학교 아동에 있어서 음식을 먹는 경우에 추운 겨울인데도 한 잔의 차를 시음하지 않거나 혹은 끓는 탕을 너무 많이 먹거나, 씹어 먹는 것들[25]이 부족한 것을 가장 깊이 경계해야 한다.

체육의 필요

스펜서 씨가[26] 말하길, 생활상에서 성공하는 제일의 요결[27]은 선량한 동물에 있고[28] 국가 부강의 제일 요항은 곧 국민이 모두 선량한 사람이 되는 데 있다고 하였다. 비단 전쟁의 승패만이 병사의 용감함과 강건함[29]에 의해 결정되는 것이 아니라, 상업 사회에서의 쟁투도 역시 생산자의 신체의 강건함과 인내력이 어떠한가에 따라 (그 승패가) 결정된다. 만약 체육을 게을리해서 신체가 허약해지면 지식과 의지도 함께 작동하지 못한다.

25) 咀嚼之類 〈원문〉
26) 수벤사 씨는 영국의 철학자이다. 〈원주〉
27) 要訣 〈원문〉 가장 중요한 방법이나 긴요한 뜻을 말한다. 〈역주〉
28) 여기서 선량한 동물이란 건강 상태와 품질이 좋은 동물을 지칭한 것이다. 품질이 좋은 동물들을 잘 길러서 시장에 내다 팔면 생활이 풍족해진다는 점을 시사한다. 〈역주〉
29) 强勇健强 〈원문〉

체육의 한 방편

위생과 체조는 체육의 두 가지 근본 요소이다. 가정에서 아동에게 집안일을 하게 한다면 이는 자연체육법[30]의 가장 좋은 방책이다. 이것에 따라 귀한 부잣집이라도 여자는 식기와 침구 등을 출납하고 청소 일을 하도록 하며, 남자는 집안일을 보조하는 데 힘쓰게 한다. 이를 아침저녁으로 게을리하지 않으면 신체가 강건하고 몸집이 커져서 병이 없고 평안하며, 이에 따라 또한 절약하고 검소하며 온화한[31] 덕행이 발달한다. 항상 이러한 방법으로 6~7세 남녀 아동에게 실시하면 곧 좋은 결과를 얻을 수 있다. 우유를 먹는 것이 청소를 시키는 것만 못하고, 아로이로나도[32]를 복용하는 것은 오가게 하는 것만 못하며,[33] 입으로 절약과 검소[34]를 외치는 것은 생산적인 일을 하게 하는 것보다 못하다. 그러니 이것은 일거양득의 교육방편이다.

---

30) 自然體育法 〈원문〉 일상생활에서 자연스럽게 운동하게 하는 방법이다. 〈역주〉
31) 節約質素和順 〈원문〉
32) 아로이로나도는 서양의 약명으로 강장제이다. 〈원주〉
33) 심부름이나 집안일을 자주 시켜 자연스럽게 운동하게 하는 것이 건강 혹은 체육에 더 좋다는 의미이다. 〈역주〉
34) 節儉 〈원문〉

위생적 체육

루소 씨[35]는 위생이란 일종의 덕이며 학문이 아니라고 말하였다. 몸을 절도 있게 움직이며 음식을 절제하며 먹고 의상을 세척하는 것이 곧 위생이므로 이를 또한 일종의 체육의 덕이라고 부를 수 있다. 그러므로 학교와 가정을 불문하고 진실로 근본적인 위생의 취지는 반드시 실행되어야 한다. 하지만 아동이 어렵고 힘든 일[36]을 견디고 강건하게 발달하도록 하는 것은 마땅히 향당[37]의 풍속과 같아야 한다. 우유부단하고 박약한 것이 도읍지 사람[38]의 기질과 같아서는 안 된다.

아동 보양법[39]

아동의 수면은 절도가 있어서 새벽을 기다려 일어나게 하고,

---

35) 루우쇼는 앞을 보시오. 〈원주〉

36) 艱苦 〈원문〉 처지나 상태가 어렵고 힘듦을 말한다. 〈역주〉

37) 鄕黨 〈원문〉 원래 자기가 태어났거나 사는 마을을 뜻하지만, 여기서는 도읍과 대비된 지방이나 시골 지역을 지칭한다. 〈역주〉

38) 京都人 〈원문〉 여기서 경도인은 향당인과 대비해서 도읍지에 사는 사람들을 지칭한다. 일본의 교토 사람을 지칭한 것은 아니다. 교토는 천 년 넘게 일본의 수도였고, 교토 사람들은 우유부단하고 나약한 사람들이 아니라 자부심이 강하고 상인 기질도 풍부한 사람들이었다. 〈역주〉

39) 保養法 〈원문〉 몸을 잘 보호해서 기르는 방법을 말한다. 〈역주〉

24시간을 3등분하여 그 한 등분 동안[40] 수면에 들게 하되 침실의 기온과 채광을 반드시 완전하게 해야 한다. 그리고 욕실에 들어갈 때는 일정한 온도를 유지하고 일정한 시간 동안 미온탕[41]을 사용하며, 목욕 시간도 10분을 넘기지 않고 다 씻을 수 있게 한다. 이렇게 하면 위생법을 갖추게 된다. 이밖에 방 안의 매연과 책상의 불결과 창문[42]과 담장의 오물은 아동의 청렴 덕성들을 파괴하며 또한 체육의 의의를 해친다. 그러므로 가정과 학교에서 마땅히 이를 삼가고 경계해야 한다.

병식체소의 효능

병식체조[43]란 통상적인 체조 이외의 것으로, 의용[44]을 기르고 무예를 단련하여 애국심을 분발시키며 규율과 명령을 준수하고 어기지 않게 하는 데에는 이만한 학과가 없다. 진실로 그렇지 않으면 국가에 간성[45]이 없어서 결국 위험을 방비하지 못하게 될 것이

40) 24시간의 1/3인 8시간을 뜻한다. 〈역주〉

41) 微溫湯 〈원문〉 미지근한 욕탕을 말한다. 〈역주〉

42) 牖戶 〈원문〉 들어서 여는 창을 말한다. 〈역주〉

43) 兵式體操 〈원문〉 병식체조는 크게 각종 군사훈련과 군대식 체조로 구성되었다. 일본에서는 1886년에 각 학교령을 공포한 이후 정식으로 소학교를 비롯한 각 학교에서 병식체조를 가르치기 시작했다. 이에 대해서는 김성학, 「군대식 학교규율의 등장과 기능」, 『한국 근대교육의 탄생』, 서울: 교육과학사, 2013 참조.

44) 義勇 〈원문〉 충의와 용기를 말한다. 〈역주〉

45) 干城 〈원문〉 방패와 성이라는 뜻으로 나라를 지키는 믿음직한 군대나 인물을 이르는 말이다. 〈역주〉

다.[46] 그러므로 이 또한 국가와 큰 관계가 있기에 반드시 미리 익히지 않으면 안 되는 것이다.

체육의 효능[47]에 대한 통합 논의

체육은 단지 신체의 건강과 강장[48]에만 도움이 되는 것이 아니라 능히 지력을 민첩하고 단정[49]하게 하여 결단과 질서의 습관을 갖도록 하는 효능이 있다. 그래서 국가교육과 실업교육의 요지에 크게 부합한다.

『신찬교육학』 끝

46) 陰雨之失備 〈원문〉 위험한 것을 방비한다는 뜻의 고사성어 '陰雨之備'를 차용한 것이다. 〈역주〉

47) 功 〈원문〉 원래 업적, 공적의 뜻이나 '체육의 공적'은 어색하여 '효능'으로 번역했다. 〈역주〉

48) 强壯 〈원문〉 몸이 건강하고 혈기가 왕성함을 이른다. 〈역주〉

49) 端正 〈원문〉

(대일본) 메이지 28년 9월 1일 인쇄
동년 9월 15일 발행
(대조선 개국 504년 7월 27일 출판)[2)]

저작자 木村知治(조선 경성 在) 효고현 시키사이군[3)] 荒川村 10番屋敷
발행자 前川善兵衛 오사카시 동구 南久寶寺町 4丁目 19番屋敷
인쇄자 谷口默次 오사카시 동구 北久太郎町 2丁目 오사카활판 제조소
발매소[4)] 희다욱당 조선 경성부 남대문 인근 명례방
정가[5)] 30전

1) 강윤호본에만 명기되어 있다. 〈역주〉
2) 괄호 안의 표기는 강윤호본에만 명기되어 있다. 출판일(개국 504년 7월 27일)은 음력으로 발행일(메이지 28년 9월 15일, 양력)과 동일하다. 강윤호본은 개국 연호를 사용하여 출판일을 표기함으로써 이 책이 조선인을 대상으로 발매된 책임을 보여주고 있다. 〈역주〉
3) 飾西郡은 오늘날 효고(兵庫)현 히메지(姬路)시에 속한다.
4) 책 표지에는 '발수'라고 표기하였다. 발수와 발매는 같은 뜻이다. 〈역주〉
5) 일본국회도서관 소장본에만 스탬프로 찍혀 있다. 〈역주〉

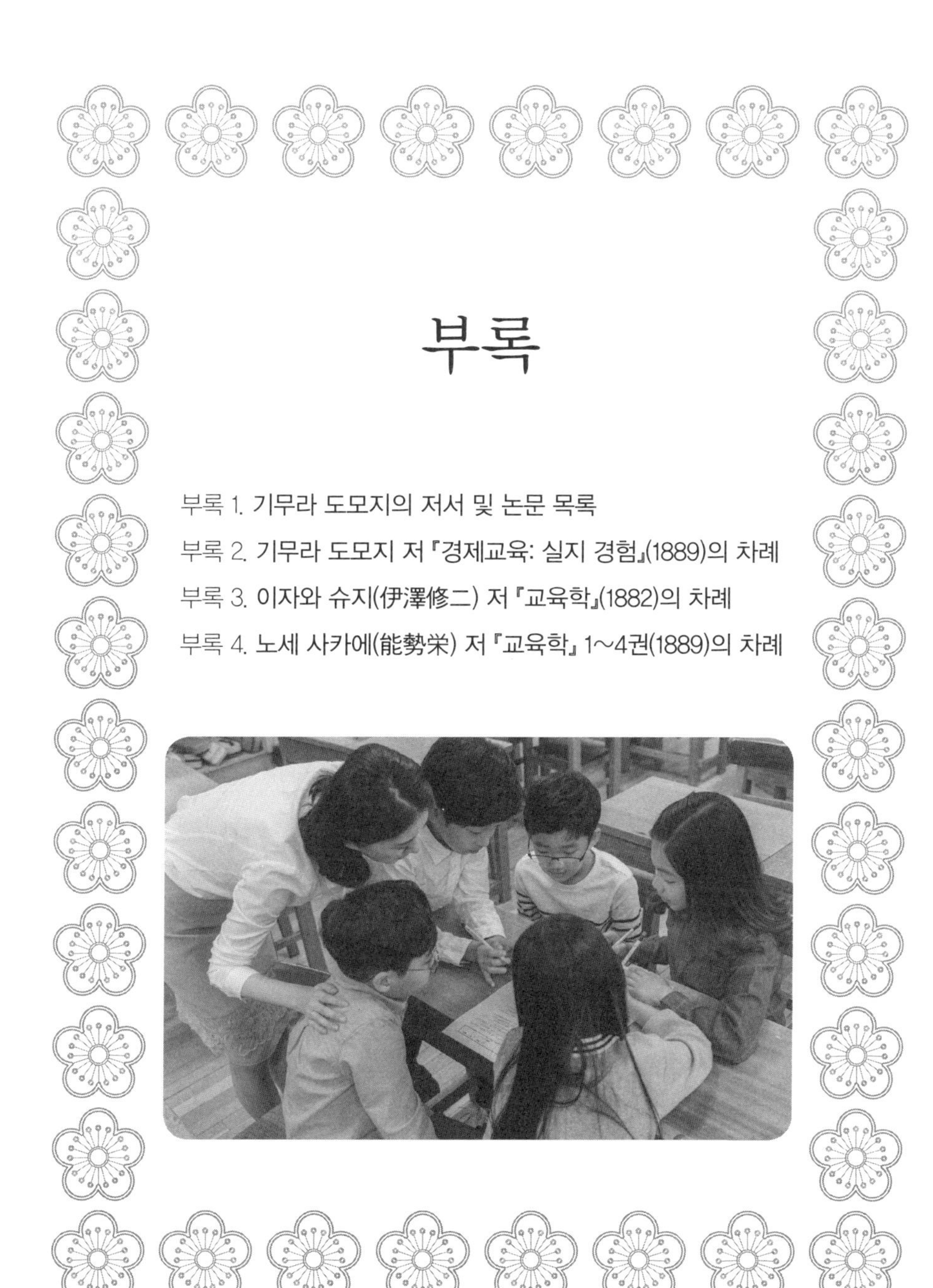

부록

부록 1. 기무라 도모지의 저서 및 논문 목록

부록 2. 기무라 도모지 저 『경제교육: 실지 경험』(1889)의 차례

부록 3. 이자와 슈지(伊澤修二) 저 『교육학』(1882)의 차례

부록 4. 노세 사카에(能勢栄) 저 『교육학』 1~4권(1889)의 차례

부록 1 기무라 도모지의 저서 및 논문 목록

저자	서 명	발행지/발행처(인)	연도
木村知治	小學生徒必携	兵庫縣：三木龍吉	1882
木村知治	養蚕家必携桑樹全書	東京：中近堂	1888
木村知治	通俗桑蚕糸三世界旅行記	福島：進振堂	1888
多田满, 木村知治	蚕糸業全書: 養蠶傳習所教科書	東京：成文堂	1888
木村知治 編	奥羽実業大家養蚕秘訣問答	東京：中近堂	1888
木村知治	経済教育：実地経験	大阪：吉岡平助	1889
木村知治 編	実地応用蚕業書	東京：東洋書房	1889
木村知治	帝国議会衆議院撰挙人心得	大阪：兎屋	1889
木村知治	「日本の清酒醸造に就て」(慶應義塾學報)	東京: 慶應義塾學報發行所	1912
菴原鉚次郎, 木村知治	土方伯	東京：菴原鉚次郎	1913

부록 2 기무라 도모지 저 『경제교육: 실지 경험』(1889)의 차례

서론

제1장. 학구역(學區域)

(1) 간이소학교

(2) 심상소학교

(3) 고등소학교

제2장. 경비

(1) 시정촌비

(2) 수업료 및 기부금

(3) 자산적립법

(4) 군구연합비(郡區聯合費)

제3장. 교사(校舍)

(1) 교사부지

(2) 교사의 구조

(3) 교장(敎場)

제4장. 학교소유품

(1) 서적의 매입 및 보존 방법

(2) 기계(器械) 기구의 매입 및 보존 방법

제5장. 소학교 직원

(1) 소학교장

(2) 소학교 훈도

(3) 수업생(授業生)

(4) 학사위원 또는 지원자

제6장. 관리자

(1) 부현 학무과원

(2) 군장 및 시정촌장

제7장. 생도

(1) 간이과 생도

(2) 심상과 생도

(3) 고등과 생도

(4) 여생도

(5) 청년

제8장. 학부형

(1) 농가(農家)의 부모

(2) 상가(商家)의 부모

(3) 공가(工家)의 부모

제9장. 교육회

(1) 교육환등회

(2) 교원강습회

제10장. 학기 및 시험

(1) 소시험

(2) 진급시험

(3) 졸업시험

제11장. 학교와 학부형의 연락

제12장. 교사 및 생도의 복제(服制)

제13장. 결론

부록 3 이자와 슈지(伊澤修二) 저 『교육학』(1882)의 차례

제1편. 총론

제2편. 지육

발단–물아의 구분, 마음의 정의, 지정의의 구분 및 관계

제1장. 직각력(直覺力)

제1 필수 보편적 관념

(갑) 존재의 관념

(을) 공간의 관념

(병) 시간의 관념

(정) 인체 동일의 관념

제2 필수 보편적 관념은 직각임을 논함

제2장. 표현력

제1 외각성(外覺性)

(갑) 감각 및 감각기관의 정의, 각종 감각기관

(을) 형질(形質)의 정의 및 종류

(병) 외각성의 정의

제2 내각성(內覺性)

제3 표현력의 정의–교육상 가치

제4 오관(五官) 교양의 방법 및 그 요지를 논함

제5 결론

제3장. 재현력

제1 심서(心緖)

제2 망상

제3 기억(記性)

(갑) 기억의 정의

(을) 사상의 연합

(병) 기억의 종류 및 용법을 논함

(정) 기억 교양의 방법을 논함

(무) 기억의 교육상 가치

제4 상상

(갑) 상상의 정의

(을) 상상의 종류

(자) 미술상의 상상

(축) 이학상의 상상

(인) 독서상의 상상

(병) 상상력 양성의 방법을 논함

(정) 상상력의 교육상 가치

제4장. 성찰력

제1 반사(反射), 즉 사상

(갑) 사상의 정의 및 방법

(을) 비교 추상 개괄 및 분류의 방법

제2 개념

(갑) 개념의 정의 및 명칭

(을) 개념의 관계

(자) 개념의 물체에 대한 관계

(축) 개념 상호 간의 관계

(병) 개념의 계급

(자) 속과 종의 구별

(축) 속의 차이 및 종의 차이

(인) 논리적 분류법

분류의 규칙

분류의 용법

(정) 개념의 정의

(자) 개념의 논리적 정의

(축) 논리적 정의 규칙

(인) 정의가 교육상 필요한 이유를 논함

제3 변결(辨決=판단)

(갑) 변결의 정의

(을) 변결의 진행

(병) 변결의 종류

(자) 긍정 및 부정

(축) 보편판단 및 특수판단

(정) 판단은 주체에 대해 무엇을 표명하는가

제4 논변(論辨=추리)

(갑) 논변의 정의

(을) 논변의 종류

(자) 귀납논변

(축) 유비논변

(인) 연역논변

(묘) 작례(酌例)논변

(진) 개연논변

(병) 논변력이 교육상 중요한 이유를 논함

제5 성찰력의 정의

제3편. 덕육

제1장. 정성(情性)

제1 정의 및 종류

제2장. 정서

제1 본능상의 정서

(갑) 기쁨 (을) 슬픔 (병) 동정(연민)

제2 도리상의 정서

(갑) 재미 (을) 아름다움

(병) 고상함 (정) 만족과 회한

제3장. 정관(情款)

제1 선의의 정관

(갑) 친족 및 친구의 사랑

(을) 자기 나라에 대한 사랑

제2 악의의 정관

(갑) 분노 (을) 질시(忌嫉) (병) 보복

제4장. 욕구

제1 기욕(嗜慾)

(갑) 음식 등 (을) 휴식 및 수면

제2 원망

(갑) 생존 (을) 부유 (병) 학식

(정) 권세 (무) 존경 (기) 사교

제3 희망 및 공포

제5장. 의지

제1 의의 정의

제2 의와 지 · 정의 관계

제3 의에 내재한 긴요한 두 요인

(갑) 선택력

(을) 집의력(執意力=자유의지력)

제4 인간은 도리를 지니고 있기 때문에 선택의 책임을 져야 함을 논함

제5 입지의 방법을 논함

제6 인품 조성의 방법을 논함

제7 지향(志向)과 인성의 관계를 논함

제8 결론

제9 양심(本性)의 정의

제6장. 습관

제1 여러 종류의 감정과 습관의 관계

제2 선미한 습관의 형성을 논함

제3 사소한 행위의 영향

제4 습관과 시간의 관계

제4편. 체육

제1장. 총론

제1 체육의 목적

제2 체육의 이론

제3 체육의 방법

제2장. 신체 성육(成育)과 보전의 요항을 논함

제1 음식물

(갑) 음식물의 종류

(을) 음식물의 조화

(자) 음식물 조화의 비율

(축) 지방질 음식물과 폐결핵의 관계

(병) 음식량

제2 의복

(갑) 착복의 목적

(을) 의복용품의 종류

(병) 의복상 주의

제3 주거

(갑) 공기의 작용

(을) 습지 공기(沼氣)의 독성

(병) 더러운 공기의 악영향

(정) 통기법

제3장. 운동

제1 운동의 원리를 논함

제2 운동의 종류와 방법을 논함

(갑) 자유운동

(자) 일반운동

(축) 격렬한(急劇) 운동

(인) 잡종 운동 및 기술

(을) 규정운동

(자) 규정운동의 목적

(축) 체조법의 종류-도수연습 기계연습

제3 운동이 각 계통에 미치는 효험을 논함

(갑) 근육 계통

(을) 혈행 계통

(병) 호흡 계통

(정) 영양 계통

(무) 신경 계통

제4장. 정식(靜息)

제1 휴식

제2 수면

부록 4 노세 사카에(能勢栄) 저 『교육학』 1~4권(1889)의 차례

◎ 서론: 교육의 세 가지 근본적인 힘(原力)

1. 자연의 영향
   - (1) 기후
   - (2) 공기
   - (3) 산물
   - (4) 지형
   - (5) 토지
2. 사회의 영향
   - (1) 사고력
   - (2) 예비심(豫備心)
   - (3) 협동심
   - (4) 억정심(抑情心)
   - (5) 호기심
   - (6) 자유심
   - (7) 애타심
   - (8) 실의심(實義心)
3. 개인의 영향
   - (1) 수리
   - (2) 추상

(3) 인과

(4) 정률(定律)

4. 세 영향의 교육에 대한 관계

◎ **총론**

제1장. 교육의 의의

(1) 교련

(2) 교수

(3) 교련과 교수의 균형(權衡)

(4) 교육의 어의

(가) 체육 (나) 지육 (다) 덕육

(5) 교육의 의의

(6) 교육자의 지식과 방법

(7) 교육상 제 학과의 필요

제2장. 교육의 성질

(1) 인간은 교육을 받아야 하는 자

(2) 인간은 교육을 시행할 수 있는 자

(3) 인간은 스스로 교육할 수 있는 자

(4) 인간은 교육을 유전할 수 있는 자

(5) 여론

제3장. 교육의 목적

(1) 인류의 진화

(2) 인류의 목적

(3) 생물 소장(消長)의 이치

(4) 완전한 생물

(5) 인류 생멸의 이치

(6) 완전한 인간

(7) 교육의 목적

제4장. 교육의 한계

(1) 교육의 범위

(2) 학교교육의 범위

(3) 학교교육의 한계

(가) 인위의 한계

(나) 자연의 한계

(다) 자력(資力)의 한계

(4) 교육의 시기

(가) 제1기 (나) 제2기 (다) 제3기

제5장. 교육의 사업

(1) 단련을 주로 하는 교육 사업

(2) 지식을 주로 하는 교육 사업

(3) 진정한 교육 사업

(4) 단련 교육가의 오해

(5) 지식 교육가의 오해

제6장. 교육의 방편

(1) 지육의 본지(本志)

(2) 덕육의 본지

(3) 체육의 본지

(4) 지육과 체육의 대칭

(5) 덕육과 지육의 대칭

(6) 체육과 덕육의 대칭

---

(1) 지육의 방편

(가) 심의 제 능력을 발육 성장시키는 방편

(나) 실용 지식을 습득시키는 방편

(2) 체육의 방편

(가) 음식물 (나) 의복과 가옥 (다) 운동

(3) 덕육의 방편

(가) 도덕의 지식 (나) 도덕심의 훈련

(다) 훈련의 방법

◎ 지육론

제1장.

○ 심신

○ 마음의 소재

○ 신경 및 뇌

(1) 인체 외부의 형상

(2) 인체 내부의 형상

(3) 인체 조직의 구분

(4) 신경 계통

(5) 척수 연수(延髓) 뇌수

○ 오관 신경과 뇌수의 관계

(1) 반사운동

(2) 심성 작용

○ 뇌수의 양생

○ 심성의 분해

(1) 3종의 분류

(2) 지 · 감 · 의 세 가지 성질의 상호 간 상위

(3) 지 · 감 · 의 세 가지 성질의 상호 간 상관

(4) 지 · 감 · 의 세 가지 성질의 연접

(5) 지 능력의 근본적 힘

(가) 변별력 (나) 계합력(契合力)

(6) 지 능력의 필요한 힘

(가) 주의력 (나) 파지력

○ 심성의 발달

(1) 심성 발달의 경황

(2) 심성 발달의 순서

(3) 심성 발달의 사정

(4) 심성 발달의 원인

(가) 자연의 경험 (나) 사회의 경험

(다) 뇌수의 발달 (라) 유전의 힘

제2장. 감각

(1) 감각의 종류

(가) 보통감각 (나) 특수감각

(2) 감각의 성질

(3) 오관-미각, 후각, 촉각, 청각, 시각, 근각(筋覺)

(4) 감각의 수련

제3장. 지각

(1) 감각과 지각의 관계

(2) 관찰

(3) 지각의 성장

(4) 지각의 연수

(5) 실물교수

제4장. 현상력(現想力)

(1) 지각과 현상의 관계

(2) 인상의 강약

(가) 주의에 의한 파지

(나) 반복에 의한 파지

(3) 인상의 연합

(가) 접근율에 의한 연합

(나) 유사율에 의한 연합

(다) 대비율에 의한 연합

(4) 추억(追憶)

(5) 현상력의 성장

(6) 현상력의 연수

(가) 수득(收得)의 연수

(나) 추억의 연수

제7장. 단정력

(1) 단정력의 성질

(2) 명제

(3) 단정과 개념의 관계

(4) 신용 의혹

(5) 단정력의 성장 및 수련

제8장. 추리력

(1) 추리력의 성질

(2) 추리와 단정의 관계

(3) 추리력의 종류

(가) 귀납추리 (나) 연역추리

(다) 개연추리 (라) 작례(酌例)추리

(4) 추리력의 성장 및 수련

제9장. 제 학과의 가치

(1) 가치의 종류

(가) 교련에 적합한 것 (나) 교수에 적합한 것

(2) 히우에루 씨의 설

(3) 스펜서 씨의 설

(4) 스펜서 씨에 대한 저자의 설

(5) 조호노트 씨의 설

(6) 조호노트 씨에 대한 저자의 설

(7) 베인 씨의 설

(8) 저자의 평론

(9) 제 학과의 종류

(가) 교련적 학과 (나) 실용적 학과

(10) 제 학과의 상호 관계

(가) 직접 관계 (나) 간접 관계

◎ 덕육론

제1장. 감정

(1) 서언

(가) 감정의 의의

(나) 감정의 두 가지 구분

(다) 감정의 지 · 의와의 관계

(라) 쾌락과 고통의 구분

(마) 쾌락과 고통에 관한 일반 원리

(바) 행위의 기원

(2) 체욕: 식욕, 음욕, 색욕

(3) 욕망

(가) 생존 욕구 (나) 소유 욕구 (다) 지식 욕구

(라) 교제 욕구 (마) 명예 욕구 (바) 승리 욕구

(4) 정서

(가) 정서의 의의

(나) 정관

1) 부자 · 형제자매의 정

2) 부부의 정

3) 친구의 정

4) 국가에 대한 정

(다) 정조

1) 지력상의 정조

2) 기호상의 정조

3) 도덕상의 정조

(라) 동정

(마) 본능상의 정서

1) 쾌락의 감정

2) 놀라움의 감정

3) 공포의 감정

4) 무서움의 감정

5) 고통의 감정

6) 우수의 감정

7) 후회의 감정

8) 희망의 감정

(5) 습관

(가) 활동의 습관

(나) 수동의 습관

(다) 보통 습관과 특이 습관

(라) 습관이 행위에 미치는 영향

(6) 감정의 발육

(7) 감정의 수련

(가) 동정의 수련

(나) 지력상 정조의 수련

(다) 기호상 정조의 수련

(라) 도덕상 정조의 수련

제2장. 의지

(1) 의지의 해석

(2) 무의의 운동

(3) 유의의 운동

(4) 의지와 타 심의의 관계 및 의지의 성질

(5) 의지의 바른 사용

(6) 의지의 제한

(가) 의혹 (나) 염기(厭忌) (다) 연립(連立)

(7) 의지의 결단

(가) 숙려 (나) 선택 (다) 결단

(8) 의지의 강건

(가) 용심(用心) (나) 재지(裁智)

(9) 의지의 자유

(10) 의지의 성장

(가) 모방 작용 (나) 명령 작용 (다) 습관 작용

(11) 의지의 수련

(가) 유전 습성

(나) 덕성을 함양하는 세 가지 요인

1) 의무 2) 덕 3) 양심

제3장. 의무와 덕

(1) 의무의 해석

(가) 물질적 필요 (나) 지력적 필요

(다) 도덕적 필요

(2) 의무는 강박법(强迫法)이다

(3) 양심과 도리심의 관계

(4) 두 개 이상의 의무가 동시에 발생하는 경우

(5) 의무의 구별

(6) 자기에 대한 의무의 해석

(7) 타인에 대한 의무의 해석

(8) 필요한 여러 가지 덕

(가) 자기에 대한 의무를 행하기 위한 여러 가지 덕

(나) 타인에 대한 의무를 행하기 위한 여러 가지 덕

1) 명지(明智) 2) 정의

3) 후리쓰케 씨의 정의의 계칙

(9) 진정한 선을 선택해 이를 실행하는 일

* 수행조규(修行條規)

제4장. 체질과 기질과 습관

(1) 체질과 기질과 습관의 상호 결합

(2) 칸트 씨의 체질설

(가) 다혈질 (나) 우울질 (다) 담액질 (라) 무정질

(3) 각종 체질에 따른 기질

(4) 체질 과도의 손실

(5) 재능인의 체질

(6) 일본인의 기질

(7) 기질의 개량

(8) 기질 개량의 방법

(9) 문명의 요소

(10) 가족의 조직

제5장. 도덕의 기본

(1) 소학교의 덕육

(가) 수신과의 교수

(나) 일반의 감화

(2) 도덕의 기본에 대한 제가의 주장

(가) 자애설 (나) 타애설 (다) 도리설

(라)행복설 (마) 천제설(天帝設) (바) 양심설

(3) 6설 개론

(가) 6종의 주장은 2종으로 귀착함

(나) 주자설(主自設)의 불합리

(다) 주타설의 불합리

(라) 자타의 관계

(마) 자타의 병립

(4) 도덕설 변천의 이치

* 부설(附設): 일본의 국덕

◎ **체육론**

제1장. 인간의 신체 조직

(1) 인류 보생의 법

(2) 인체의 제 계통

(가) 영양계통　(나) 호흡계통　(다) 순환계통
(라) 피부계통　(마) 골격계통　(바) 근육계통
(사) 임파계통　(아) 감각계통

제2장. 음식물

(1) 음식물의 종류
(2) 음식물의 자질
(3) 음식물의 분량
(4) 음식물의 편식(參差)
(5) 음식 냄새 맡는 법
(6) 기호식품

제3장. 의복

(1) 모직물　(2) 마포　(3) 견포
(4) 의복의 색　(5) 의복에 관한 주의

제4장. 교사

(1) 교사의 위치　(2) 정원　(3) 원경(遠景)
(4) 교사의 축조　(5) 채광　(6) 통풍

제5장. 운동

(1) 운동의 필요
(2) 체조
(3) 호외유희
(4) 보병조련
(5) 운동에 관한 주의

제6장. 휴식

(1) 1시간 휴식 (2) 10분 휴식 (3) 수면

제7장. 학교병

(1) 근시안 (2) 구루병 (3) 쇠약

(4) 두통 (5) 정신병 (6) 전염병

제8장. 구급법

(1) 화상 (2) 출혈 (3) 관절 좌상

(4) 치통 (5) 인두폐색 (6) 기절

(7) 익사 (8) 귓속 이물 (9) 비강 이물

(10) 독 쏘임

* 여론(餘論): 우리 일본국의 교육의 3원력(原力)에 대한 관계

찾아보기

인 명

내 용

원저자 소개

기무라 도모지(木村知治, Kimura Tomoji)
일본 메이지 시기 저술가

역주자 소개

김성학(Kim SeongHak)
연세대학교 대학원 교육학과(교육학 박사)를 졸업하였다. 현재 연세대학교 원주캠퍼스 교양교육학부 교수로 재직 중이다. 주요 관심 분야는 서구 교육학 수용 과정, 한국 근·현대교육의 형성 등이다. 주요 저·역서로 『한국 근대교육의 탄생』(2013), 『서구교육학 도입의 기원과 전개』(1996), 『현대한국교육의 인식』(2001, 공저), 『졸업장 열병: 학력사회의 교육병리』(1996, 공역) 등이 있고, 주요 논문으로 「한말 관공사립학교 연합운동회와 통합, 그리고 문명화」(2013), 「한말 강화지역 사립보창학교의 등장과 성장: 민족과 기독교, 황실의 조우」(2014) 등 다수가 있다. 연세대학교 대학원 학술상(1996년), 한국교육사학회 학술상(2009년)을 수상한 바 있다.